장로회신학대학교 신약성경공부 교재 9

갈라디아서
(인도자용)

장흥길 · 장신근 · 이연길 지음

장로회신학대학교출판부

2010

장로회신학대학교 신약성경공부 교재 9 (인도자용)

갈라디아서

초판 인쇄 / 2010년 2월 15일
초판 발행 / 2010년 2월 25일

지은이 / 장흥길 · 장신근 · 이연길

발행인 / 장영일
펴낸곳 / 장로회신학대학교출판부
등록 / 제4-33호
주소 / 143-756 서울시 광진구 샘말길 23(광장동 353)
전화 / (02) 450-0795
팩스 / (02) 450-0797
E-mail / ptpress@pcts.ac.kr

ISBN / 978-89-7369-247-7 94230
ISBN / 978-89-7369-207-1 (세트)
값 13,000원

갈라디아서

(인도자용)

PCTS New Testament Bible Study: Volume 9

Galatians

Leader's Edition

Chang, Hung-Kil · Jang, Shin-Geun · Lee, Yeon Gil

Presbyterian College and Theological Seminary Press

발간사

성경의 소중함과 성경공부의 가치는 아무리 강조해도 지나치지 않을 것입니다. 성경에서 우리는 생명보다 소중한 하나님의 말씀을 들을 수 있을 뿐만 아니라 우리의 참 왕이시며 주인이신 예수님을 만나고(요 5:39) 삶의 갖가지 역경과 시련 가운데서도 이를 극복할 수 있는 위로와 용기와 지혜를 얻을 수 있기 때문입니다.

20세기의 기적으로 알려진 헬렌 켈러 여사는 독서의 양이나 사상에 있어서도 뛰어난 인물로, 그녀가 삼중고를 극복하고 어둠 속에서 빛을 발하는 승리의 인생을 마감하면서 우리에게 남겨 준 의미 있는 말에 귀를 기울일 필요가 있습니다: "나에게 잃어버린 세계를 되찾게 한 것은 책의 힘입니다. 그 중에서도 내가 가장 애독하는 것은 성경이지요. 나는 어린 소녀 시절부터 언제나 용기와 기쁨을 얻기 위해 성경을 읽었습니다. 나는 하도 많이 읽어서 어떤 곳은 글자(점자)가 문드러져 나갈 정도였습니다. 그것은 내 손가락 끝에서 점자가 닳고 닳았기 때문입니다. 성경은 나의 전 생애의 지침이 되고 위안이 되었습니다. 삼중고를 짊어진 나에게 불굴의 정신을 갖게 한 것은 성경이었습니다. 나는 날마다 성경을 읽을 적마다 기력을 새로 회복하고 포부를 확대해 나갈 수 있었습니다. 그러므로 시간을 내어 성경을 읽고 영을 새롭게 하여야 합니다."

이와 같이 우리에게 삶의 지혜와 명철을 제공해 주는 성경을 그 어느 과목보다도 열심히 읽고 공부해야 하는 것은 평생 동안 하나님의 말씀을 선포하고 성경을 가르쳐야 하는 신학도에게 있어서 마치 전쟁을 앞두고 군인이 탄환을 충분히 확보해 두는 것과 같고 가뭄에 대비하여 저수지에 수자원을 넉넉히 비축해 두는 것과 비교될 수 있을 것입니다.

우리 장로회신학대학교에서는 이처럼 성경공부의 중요성을 새롭게 인식하여 지난 2007년부터 신학대학원생들이 졸업하기에 앞서 적어도 두 학기 이상 매 학기마다 개설되는 성경공부 과목을 수강할 수 있게 배려하고 있습니다.

신약성경공부 교재로 이미 출간된 마가복음, 사도행전, 로마서, 히브리서에 이어 이번에 선보이는 갈라디아서 교재도 우리 장로회신학대학교와 대한예수교장로회에 속한 성경공부 전문가들의 노고를 통하여 출간되는데, 아무쪼록 이 교재를 손에 들고 진행하는 성경공부를 통하여 신학도들이 언제 어디서나 성경공부를 자신 있게 이끌 수 있는 노하우를 터득할 수 있게 되기를 기대하며, 그동안 이 교재를 만들기 위해 애써 주신 여러분들께 진심으로 감사를 드립니다.

2010년 2월 15일

장로회신학대학교 총장 장 영 일

머리말

본 성경공부 교재는 교역 현상에 보다 직접적인 목회실천적 효용가치가 있는 교육을 실현하기 위해 본 대학교 안에 구성된 교육과정개발위원회의 성경교육개발단에서 개발하는 성경공부 교재 시리즈 가운데 하나이다. 본교는 이미 구약성경공부 교재로서 『창세기』(2008.2), 『여호수아 · 사사기』(2008.9), 『이사야』(2009.2), 『시편』(2009.8)을, 또 신약성경공부 교재로서 『마가복음』(2008.2), 『사도행전』(2008.9), 『로마서』(2009.2), 『히브리서』(2009.8)를 발간한 바 있으며, 이번에 구약성경공부 교재 28 · 29 · 30. 『호세아 · 요엘 · 아모스』와 함께 발간되는 신약성경공부 교재 9 『갈라디아서』는 신약성경공부 교재로서는 다섯 번째로 발간되는 교재이다.

이 교재는 세 분의 저자들에 의해 집필되었다. 본교 신약학 교수인 장흥길 교수님, 본교 기독교교육과 교수인 장신근 교수님, 본교 객원교수인 이연길 목사님이 이 교재의 공동저자이다. 이 세 분의 노고에 깊은 감사의 마음을 전한다.

본 교재는 본교의 성경공부 교재 시리즈의 다른 교재들과 마찬가지로 인도자용과 학습자 용 두 권으로 이루어져 있으며, 12번에 걸쳐서 공부가 진행되는 12개의 과로 구성되어 있다. 제1과는 성경공부 교재와 수업에 대한 안내와 아울러, 공부하고자 하는 성경책에 대한 기본적인 소개를 보여 준다. 그 외의 11개의 과는 모두 공통적으로 1. 본문으로 들어가면서, 2. 본문 읽기, 3. 본문 이해하기, 4. 본문으로 세상 읽기, 5. 삶으로 엮어 내기, 6. 마무리하기 등의 순서에 따라 전개된다. 본 교재의 성격은 성서주석학적인 이론적 학문성에 있다기보다는 교회 현장에서의 실천적 적용성에 있다.

본인은 이 신약성경공부 교재 9. 『갈라디아서』가 신학교에서 공부하는 신학도들로 하여금 교회의 목회실천 현장에서 보다 효율적으로 사역을 수행할 수 있도록 준비하는 데 도움을 주는 성경공부 수업의 교재로 유용하게 사용될 뿐만 아니라, 나아가서 한국 교회의 평신도들을 위한 교회 안에서의 성경공부 교재로 널리 사용됨으로써 한국 교회의 평신도 교육을 위해서 크게 기여할 수 있게 되기를 기대한다.

2010년 2월 15일

제4기 교육과정개발위원회 위원장 윤 철 호

목차

과목소개

(1) 신약성경공부 과목 개설 과정과 목적

장로회신학대학교 신학대학원 교육과정개발위원회에서는 신학대학원을 졸업한 사람들이 교역 현장에서 성경공부를 잘 이끌 수 있도록 훈련하기 위해 2008학년도부터 매 학기마다 신약학 분야와 구약학 분야에 각각 한 과목씩 성경공부 과목을 개설하기로 했습니다.

신약학의 경우에는 다음 도표와 같이 여섯 학기의 3년을 한 주기로 하여, 신약성경 27권을 다 다루려면 9년이 걸리도록 계획하였습니다.

<table>
<tr><th rowspan="2">구분</th><th colspan="3">주기별배정[1]</th><th rowspan="2">장수 합계</th></tr>
<tr><th>제1주기</th><th>제2주기</th><th>제3주기</th></tr>
<tr><td>신약성경공부 1</td><td>2.마가복음(16)</td><td>1.마태복음(28)</td><td>3.누가복음(24)</td><td>총 68장</td></tr>
<tr><td>신약성경공부 2</td><td>5.사도행전(28)</td><td>15.디모데전서(6)
16.디모데후서(4)</td><td>11.빌립보서(4)
17.디도서(3)</td><td>총 45장</td></tr>
<tr><td>신약성경공부 3</td><td>6.로마서(16)</td><td>7.고린도전서(16)</td><td>8.고린도후서(13)</td><td>총 45장</td></tr>
<tr><td>신약성경공부 4</td><td>19.히브리서(13)</td><td>10.에베소서(6)
12.골로새서(4)</td><td>13.데살로니가전(5)
14.데살로니가후서(3)</td><td>총 24장</td></tr>
<tr><td>신약성경공부 5</td><td>9.갈라디아서(6)</td><td>20.야고보서(5)
26.유다서(1)
18.빌레몬서(1)</td><td>21.베드로전서(5)
22.베드로후서(3)</td><td>총 28장</td></tr>
<tr><td>신약성경공부 6</td><td>4.요한복음(21)</td><td>23.요한1서(5)
24.요한2서(1)
25. 요한3서(1)</td><td>27.요한계시록(22)</td><td>총 50장</td></tr>
</table>

(2) 신약성경공부교재개발단의 구성과 운영

첫 1년 동안에는 신약학전임교수 한 사람과 기독교교육 전공교수 그리고 현장목회자로서 이 일을 위해 특별히 초빙된 객원교수 한 사람으로 이루어진 신약성경공부교재개발단이 1년에 걸쳐 한 주기의 한 공부교재를 개발하였는데, 전반기에 마련한 교재를 가지고 후반기에 성경수업을 진행하였습니다.

한두 사람이 교재 개발에 너무 오래 매달리지 않도록 1년을 주기로 개발위원을 바꾸어 운영합니다. 이를테면, 2007년 3월부터 시작한 첫 개발단(제1기 개발단)은 2008년

1) 책이름 앞의 숫자는 신약성경에 있는 각 책의 일련번호임.

1학기에 쓸 교재의 초고를 1학기에 만들어 2학기에 그 초고를 다듬기만 하고, 2008년 2학기에 쓸 교재의 초고는 다른 개발단(제2기 개발단)이 2007년 2학기에 만들어 2008년 1학기에 그 초고를 다듬습니다. 이런 식으로 학기마다 두 개발단이 동시에 연구하는 방식으로 할 수 있습니다. 제1-5기 개발단의 과제와 개발일정을 표로 그려 보면, 다음과 같습니다.

	과제	초고 작성	수정 보완
제1기 개발단	2008년 1학기 교재개발	2007년 1학기	2007년 2학기
제2기 개발단	2008년 2학기 교재개발	2007년 2학기	2008년 1학기
제3기 개발단	2009년 1학기 교재개발	2008년 1학기	2008년 2학기
제4기 개발단	2009년 2학기 교재개발	2008년 2학기	2009년 1학기
제5기 개발단	2010년 1학기 교재개발	2009년 1학기	2009년 2학기

다만, 교재 개발의 통일성과 연속성을 고려하여 전기 개발단의 신약학 전임교수와 목회자 가운데서 초빙한 객원교수 한 사람은 바로 그 다음 개발단의 자문위원이 됩니다.

일러두기

1. 제1과에 나오는 "교재와 수업에 관한 안내" 부분을 필히 숙지한 뒤 시작하시기 바랍니다. 또한 학습자들에게도 미리 그렇게 말씀하시기 바랍니다.

2. 이 성경공부교재는 공부에 참여하는 학습자가 스스로 답을 찾는 방식을 취하고 있습니다. 따라서 한 가지 정답이 아닌 다양한 답이 나올 수가 있습니다. 인도자용 교재에 제시된 답은 모범적인 답안의 한 예를 제시한 것뿐이라는 점을 염두에 두시기 바랍니다. 물론, 학습자나 인도자가 질문의 의도를 잘 이해하지 못하거나 잘못 생각해서 전혀 엉뚱한 답을 말할 수 있는 위험성을 피할 수 있게 하는 기능을 하는 것은 사실입니다.

3. 또한 "본문으로 세상 읽기"와 같은 부분은 주관적인 문제이기에 모범답안도 제시하지 않았다는 점을 유념하시기 바랍니다.

4. 인도자용 교재에서 답이 시작되는 부분에는 열쇠표시가 나옵니다. 학습자용 교재에는 물론 답이 제시되지 않습니다.

5. 세 분의 저자가 이 교재를 집필했기에 과에 따라서는 약간씩 다른 부분이 있습니다. 한 예로 참고자료가 나오지 않는 과도 있습니다.

6. 공부하다가 떠오르는 생각이나 질문에 대한 답을 적는 데 편리하도록 질문의 아랫부분을 만들었습니다. 공부하면서 얻은 자료는 별도의 자료집을 만들어 보관하시면 나중에 효과적으로 활용할 수 있을 것입니다.

7. 제시된 공부시간은 상황에 따라 조절할 수 있습니다.

8. 성경공부는 조원들이 서로 얼굴을 맞대고 할 수 있도록 책상과 의자를 배치하여 주시기 바랍니다. 성경공부를 하면서 조원들끼리 친해지고 공동체 의식과 협동심을 갖게 되는 것도 잠재적인 교육의 목표라는 점을 유념해 주시기 바랍니다.

9. 성경은 개역개정판을 사용하였기 때문에 가급적이면 수업시간에 이 성경을 가지고 들어오도록 지도해 주시기 바랍니다. 2003년 10월 25일에 출판된 3판 이후의 개역개정판을 사용하시기 바랍니다.

10. 참고자료들은 학생용 교재에는 수록되어 있지 않습니다. 따라서 학습준비를 하다가 이 부분을 학습자들에게 자료로 주는 것이 필요하다고 판단할 경우에는 복사해서 나누어 주시기 바랍니다.

제1과

갈라디아서 성경공부 들어가기

이고니온의 바울기념교회 • 사진 / 장흥길 교수

제1과 갈라디아서 성경공부 들어가기

I. 갈라디아서 성경공부 교재와 수업에 관한 안내

1. 교재에 관하여

이 교재는 장로회신학대학교 갈라디아서 성경공부 교재개발단(장흥길, 장신근, 이연길 교수)이 집필한 교재입니다. 2009년 2학기 신학대학원의 신약성경공부 과목의 교재로 사용하면서 그 내용을 수정하고 보완하였으며, 2010년 1학기부터 장로회신학대학교 신학대학원 '신약성경학 V'(갈라디아서) 교재로 사용합니다. 이 교재의 1-4과는 장흥길 교수(신약학)가, 5-8과는 이연길 교수(목회)가, 그리고 9-12과는 장신근 교수(기독교교육학)가 집필하였습니다.

(1) 교재의 쓰임: "신학대학원 성경공부 교재"

이 교재는 갈라디아서를 한 학기 수업일정에 맞추어 공부할 수 있도록 짜인 교재로, 전체 12과로 이루어져 있습니다. 그 중 첫 과는 교재에 관한 소개 및 갈라디아서 입문의 성격을 띠고 있습니다.

(2) 교재의 목적: "하나님의 말씀과 인격적으로 만남"

이 교재는 성경을 신학적이고 객관적으로 탐구하는 것에 그 일차적인 목적이 있는 것이 아니라, 성경을 공부하면서 하나님의 말씀과 인격적으로 만나고, 이를 바탕으로 자신과 교회와 세상을 새롭게 이해하고, 말씀을 실천에 옮길 수 있도록 변화되도록 돕는 것에 목적이 있습니다.

(3) 교재의 성격: "학습자 중심 성경공부 교재"

이 교재는 학습자에게 갈라디아서에 관한 지식을 전달하는 것에 초점이 놓여 있는 성경공부교재가 아닙니다. 이 교재는 학습자가 소그룹에서 다른 조원들과 함께 갈라디아서를 읽고, 탐구하고, 발견하고, 나눌 수 있도록 도움을 주는 "학습자 중심 성경공부" 교재입니다. 따라서 이 교재는 학습자가 스스로 성경을 공부하는 데 보조적인 도움을 주는 교재입니다.

(4) 교재의 범위: "한 과에 하나의 이야기를 깊이 있게 탐구"

이 교재는 말씀을 깊이 탐구하고 말씀과 인격적인 만남을 목표로 하여 만들어졌는데, 장 수가 짧아 한 학기 안에 갈라디아서 전체를 처음부터 끝까지 빠짐없이 공부하도록 구성되어 있습니다. 한 주에 하나의 이야기를 중심으로 공부하고 깊이 있게 탐구합니다. 그래서 본서는 갈라디아서 전체에서 선택된 11개의 본문 공부와 개관으로 이루어져 있습니다.

2. 수업에 관하여

(1) 수업 진행의 기본적 틀

수업의 진행은 교재의 틀을 기본적으로 따릅니다. 교재는 크게 여섯 부분으로 나누어져 있고, 그것은 다음과 같습니다.

본문으로 들어가기 전에 먼저 모든 참가자가 찬양과 기도로 한 마음이 되고 성령님의 인도하심을 받습니다.

1. 본문으로 들어가면서

이 부분은 본문이 속한 장의 짜임새와 전후 관계를 살피는 것으로 시작됩니다. 학생들은 먼저, 전 시간에 세시된 숙제를 바탕으로 장의 짜임새와 흐름을 서로 나누고, 인도자는 장의 짜임새와 본문의 전후 관계, 본문과의 관련성 등에 관하여 간략하게 설명해 줍니다.

2. 본문 읽기

(1) 읽기

이 단계에서 참가자들은 본문을 반복하여 여러 번 읽고, 본문의 내용을 파악합니다.

(2) 그리기

본문의 사건으로 더 깊이 들어가기 위해, 이 단계에서는 본문의 사건이나 내용을 상상하며 본문의 내용을 재현해 봅니다.

3. 본문 이해하기

(1) 문단 나누기

본문의 흐름이나 짜임새에 관하여 의견을 교환하며, 해당 본문의 문단을 나누어 봅니다. 필요시 핵심 낱말이나 중심인물 등을 찾아봅니다.

(2) 소 단락을 읽고 이해하기

나누어진 소 단락의 내용을 파악하고, 소 단락 간의 관계나 전체와의 관계를 살핍니다. 본문을 세부적인 깊이까지 이해하기 위하여 제시된 질문에 답하면서 본문이해를 시도합니다. 마지막으로 본문에 나타난 메시지를 찾는 것으로 소 단락을 읽고 이해하기를 마무리합니다.

(3) 본문과 관련된 다른 성경구절과 살펴보기

본문과 관련된 다른 성경의 구절들을 살펴봄으로써 그 개념이나 낱말의 의미를 심화하여 이해합니다.

4. 본문으로 나, 교회, 세상 읽기

⑴ 본문으로 나 읽기

본문에 비추어 '나' 의 문제들을 해석하거나 반성해 봅니다.

⑵ 본문으로 교회 읽기

본문에 비추어 오늘날 우리의 '교회' 를 해석하거나 반성해 봅니다.

⑶ 본문으로 사회 읽기

과에 따라 필요시 본문에 비추어 우리 사회와 세상의 문제들을 생각해 봅니다.

5. 삶으로 엮어 내기

⑴ '나' 의 삶에 적용하고 실천할 수 있는 방안 모색하기

위에 살펴본 본문으로 '나 읽기' 를 바탕으로 본문을 '나' 의 삶에 구체적으로 적용하고 실천할 수 있는 방안을 모색해 봅니다. 때때로 한 주간 자신이 할 행동을 결심해 봅니다.

⑵ '교회' 의 삶에 적용하고 실천할 수 있는 방안 모색하기

위에서 살펴본 본문으로 '교회 읽기' 를 바탕으로 '교회' 가 해야 할 실천방안을 모색해 봅니다.

⑶ '사회' 의 삶에 적용하고 실천할 수 있는 방안 모색하기

본문과 관련하여 필요한 경우, 본문의 내용을 사회에 적용하고 실천할 수

있는 방안을 모색해 봅니다.

6. 마무리하기

마무리하기는 각 조에서 마무리하기와 전체 모임에서 마무리하기의 두 부분으로 이루어집니다.

(1) 조별 마무리

조 참여자들은 인도자에 대한 평가서를 작성하여 인도자에게 줍니다. 그 날 조별 활동에 대한 평가와 소감을 나눕니다.

(2) 대그룹 마무리

첫째, 인도자가 그날 성경공부를 전체적으로 정리해 줍니다. 이 때 조별로 해결하지 못한 사항을 질문하고 답변할 수 있습니다.

둘째, 그날 성경공부를 인도한 인도자의 소감을 발표하고, 조원들의 평가를 들어 봅니다.

셋째, 다음 수업을 위한 본문을 예시하고 숙제를 제시합니다.

넷째, 기도로 마무리합니다.

(2) 수업시간 배정

수업은 세 시간 수업단위(45분×3=135분) 동안 진행되며, 그 세부적인 시간 배당은 대략 다음과 같습니다.

구분	방식	시간
1. 찬양과 기도, 본문으로 들어가기	전체	10분
2. 본문 읽기	조별	10분
3. 본문 이해하기	조별	40분
휴 식	전체	20분
4. 본문으로 세상 읽기	조별	20분
5. 삶으로 엮어 내기	조별	15분
6. 마무리하기	전체	40분
계		135분

(3) 수업진행

* 수업 진행은 한 분의 교수가 전체를 담당합니다.
* 수업은 대그룹에서 시작하여 소그룹으로 나누어지고, 다시 대그룹으로 모여서 활동한 후 끝나는 것으로 진행됩니다.
* 전체 인원 30명을 5명씩 6개 조로 나누어 소그룹을 구성합니다.
* 조는 한 학기에 두 번 편성되며, 조장은 돌아가면서 담당합니다. 모든 학습자는 한 학기에 두 번 인도자의 역할을 수행하게 됩니다.
* 조장은 돌아가면서 소그룹을 인도하며, 인도자로서 철저하게 준비해 옵니다.
* 매 수업 끝 무렵 그날의 성경공부에 대한 평가와 인도자의 인도에 대한 평가를 나눕니다.

(4) 숙제

* 학습자들은 매주 다음 시간의 본문이 들어 있는 장 읽어 오기와 그 장의 짜임

새, 흐름, 전후 관계 등을 A4 용지 한 장 정도로 정리해 오는 숙제를 한 뒤, 이를 수업시간에 다른 조원들과 함께 나눕니다.

* 학습자들은 교재에서 다루지 않은 부분을 선택하여 직접 성경공부 교안을 만들어 보고, 이를 7부 복사하여 담당교수와 조원들에게 나누어 준 뒤 서로의 생각을 나눕니다. 학습자들은 이를 모두 자료집에 철하여 보관하고 학기말에 담당교수의 확인을 받습니다.

(5) 이야기를 나누거나 보고할 때 유의해야 할 점들

성경공부를 효과 있게 하려면, 전체 모임과 조별 모임을 짜임새 있게 잘 해야 합니다. 이를 위하여, 함께 이야기를 나눌 때나 보고할 때 다음 몇 가지 점들을 고려해야 합니다.

첫째, 어떤 문제를 두고 함께 이야기를 나눌 때 한 사람이 너무 길게 말하지 않아야 합니다. 가급적이면, 1분 정도 안에 말을 끝내는 것이 좋습니다. 또 한 사람이 너무 자주 말하지 않아야 합니다. 발표의 기회가 모든 학습자에게 골고루 돌아갈 수 있도록, 말할 것이 많은 사람은 발언을 자제하고, 여러 사람 앞에서 말하는 데 익숙하지 않은 사람은 용기를 내어 발표할 수 있도록 노력해야 합니다.

둘째, 어떤 문제를 두고 함께 이야기를 나눌 때 먼저 다른 사람이 하는 말을 바르게 이해하기에 힘써야 합니다. 다른 사람의 말을 제대로 이해하고 난 다음에야 자기 의견이 그 사람의 생각과 같은지 비슷한지 다른지를 말할 수 있기 때문입니다. 따라서 다른 사람의 말 가운데서 확실하게 이해하지 못한 부분이 있으면 이를 두고 먼저 다시 묻는 것이 좋습니다.

셋째, 조별 모임에서는 조원들이 돌아가면서 인도자나 기록발표자가 되는 것이 좋습니다. 인도자는 앞서 첫째 유의 사항이 이루어지도록 대화의 전 과정을 조정합니다.

넷째, 보고는 간단하고 분명하게 핵심을 정리하여 합니다. 한 조의 보고는 2분을 넘지 않게 합니다. 다른 조에서 앞서 보고한 내용을 뺄 수 있습니다.

(6) 해당 사이트

* 장로회신학대학교 신약성경공부 카페(http://cafe.daum.net/pctsntstudy)의 "갈라디아서 성경공부"에서 모든 자료와 과제를 공유하며, 지도교수 및 조교와 긴밀하게 연락을 주고받습니다.

II. 갈라디아서를 소개합니다

갈라디아서는 바울이 선교 활동 당시 기록하여 갈라디아 교회에 실제로 보낸 '상황서신' 중 하나이다. 무엇보다도 갈라디아서는 주요 바울서신인 로마서와 함께 기독교 구원론의 핵심 교리인 '이신칭의'(以信稱義)를 다루고 있기 때문에 대단히 중요한 초기 기독교의 문헌이다. 이를 간파한 종교개혁자 마르틴 루터(Martin Luther, 1483-1546년)는 1517년 10월 31일 독일 비텐베르크(Wittenberg) 스테판 성당 현관문에 95개 조항을 내걸고 종교개혁운동을 시작하기 직전인 1516/17년 겨울 학기에 비텐베르크 대학에서 갈라디아서를 강의하였다. 그 후 1519년에 루터는 갈라디아서 강의안을 책으로 출판하였고, 1523년 이를 보충하였으며, 1531년에 이르러서는 다시 갈라디아서를 주석하여 출판하였다. 갈라디아서 본문을 올바르게 이해하기 위해서는 본문을 공부하기 전에 먼저, 저자, 수신자, 수신지 상황, 저작 연대와 장소, 구조, 신학사상, 최근 연구동향 등과 같은 개론적인 문제들을 살펴보아야 한다.

1. 누가 갈라디아서를 기록했는가?

갈라디아서를 사도 바울이 기록했다는 점에 대해서는 오늘날 논란의 여지가 없다. 서신의 편지 머리말에서 바울은 사도로서 함께 있는 다른 형제들과 더불어 갈라디아의 여러 교회들에게 문안하였을 뿐만 아니라(갈 1:2), 서신의 본문에 언급된 여러 1인칭 단수 진술들(갈 1:9-10; 1:11-2:14; 2:18-21; 3:2, 15, 17; 4:1, 11, 12-20; 4:21; 5:3, 16 등), 편지 마감말의 '내 손으로' 썼다는 언급(갈 6:11), 그리고 자신의 몸에 '예수의 흔적'을 지니고 있다는 언급(갈 6:17)은 분명히 바울이 갈라디아서를 기록하였다는 것을 내증(內證)한다.

2. 누구에게 보냈는가?

갈라디아서의 수신자 대부분은 바울이 전한 예수 그리스도의 복음을 통하여 유대인 그리스도인들이 믿었던 하나님을 영접하게 된 이방인 그리스도인들로 어느 정도 교육을 받은 헬라화 된 사람들이었다(갈 4:3, 8-9; 5:2-3; 6:12-13 등). 편지 머리글의 문안 인사말에 언급되었듯이, 이들은 '갈라디아 여러 교회들'에 속한 교회의 구성원들이었다.

본래 '갈라디아인'이란 중부 유럽의 다뉴브 강 유역에서 발원하여, 주전 279년 지금의 터키 수도 앙카라 주변의 소아시아 내륙 지방으로 이주하여 정착한 켈트 족(혹은 고올인)의 후손들이었다. 이들이 살던 '갈라디아'는 로마 제국이 이 지역을 통치하던 때인 주전 25년에 남쪽에 위치한 비시디아(Pisidia), 루가오니아(Lycaonia), 이사우리아(Isauria), 바블라고니아(Paphlagonia), 본도 갈라티쿠스(Pontus Galaticus), 밤빌리아(Pamphylia)와 함께 로마의 한 속주(屬州)가 되었다. 따라서 바울이 갈라디아서를 기록할 당시 '갈라디아'라는 지명은 두 가지 의미로 사용되었다. 그 하나는 현재 앙카라 주변의 소아시아 내륙 지역, 곧 비시디아나 밤빌리아와 비교해 볼 때 그 북쪽에 위치해 있으며 브루기아(Phrygia), 타비움(Tavium), 앙쿠라(Ancyra), 펫시누스(Pessinus)를 포함한 '북(北) 갈라디아' 지방이라는 좁은 의미의 '갈라디아'이다. 다른 하나는 앞서 언급한 남쪽의 다른 여러 지역들을 포함한 '갈라디아 속주'(Provincia Galatia)라는 넓은 의미의 '갈라디아'이다.

이처럼 바울이 '갈라디아'(또는 '갈로그래시아', 이는 '헬라어를 말하는 고올인의 땅'이라는 뜻)를 어떤 의미로 사용하였는가에 따라 그 수신지는 다르게 결정된다. 사도 바울이 좁은 의미의 갈라디아를 수신지로 생각했다면, 수신지는 '북 갈라디아'이다. 이를 지지하는 학자들(H. D. Betz, U. Wickert, K. Strobel, K. Löning, J. Roloff, J. Becker, J. L. Martyn, F. Vouga, D.-A. Koch, D. Lührmann, H. Hübner, U. Schnelle, R. E. Brown, P. J. Achtmeier)의 입장은 '북 갈라디아 설'(north Galatian theory) 또는 '지방 가설'(regional hypothesis)로 불린다. 만약 바울이 이 지명을 남쪽 지역을 포함한 넓은 의미로 사용하였다면, 수신지는 보다 넓은 '갈라디아 속주'이다. 이런 의미에서 이를 주장하는 학자들(Th. Zahn, C. Clemen, P. Stuhlmacher, R. Riesner, C. Breytenbach, M. Hengel, A. M. Schwemer, Th.

Witulski, W. M. Ramsay, F. F. Bruce, R. N. Longenecker, I. H. Marshall)의 입장은 '남 갈라디아 설' (south Galatian theory) 또는 '속주 가설' (provincial hypothesis)로 불린다.

'남 갈라디아 설' 을 지지하는 근거로는 대개 다음의 네 가지를 들 수 있다. 첫째, 갈라디아 교회가 예루살렘 성도들을 위해 모금에 참여하였고, 이러한 모금을 전달하는 대표는 더베 출신의 가이오처럼 남 갈라디아 출신의 그리스도인들이었다(행 20:4). 둘째, 갈라디아서에 나타나는 바울의 적대자들이 살던 거주지는 남 갈라디아가 적절하다. 셋째, 바울은 자신의 선교지를 말할 때 도시명이 아니라 아시아, 아가야, 마게도냐와 같이 속주 이름을 자주 사용하였다. 넷째, 바울의 두 번째 선교여행 경로에 대한 누가의 보고에 의하면, 바울은 갈라디아와 브루기아 땅을 차례로 다녔다(행 18:23).

반면에 '북 갈라디아 설' 을 지지하는 근거도 만만치 않다. 그 근거로는 다음 몇 가지를 언급할 수 있다. 첫째, '남 갈라디아 설' 은 바울의 첫 번째 선교여행을 전제로 하고 있지만, 바울은 '사도회의' 에 참석하기 전의 갈라디아 선교에 대해서는 아무런 언급도 하지 않았다(갈 1:21). 둘째, 누가에 의하면, 갈라디아 주 남쪽 지역은 '비시디아' (행 13:14; 14:24)와 '루가오니아' (행 14:6, 11)로 불렸다. 셋째, 바울은 빌레몬서를 제외하고는 늘 구체적인 지역교회를 언급하였다. 넷째, 갈라디아 주에 속한 주민들은 그들의 문화적, 언어적 특징을 유지하고 있었다(행 14:11). 다섯째, 당시의 언어관습을 미루어 볼 때 '갈라디아' 는 갈라디아 지방을 가리키는 지명이었다. 마지막으로, 바울은 항상 공식적인 로마의 속주명을 사용하는 대신 자주 고대의 지방 명칭을 사용하였다(갈 1:21; 살전 2:14; 롬 15:24; 갈 1:17; 4:25 참조).

위에 언급된 두 가지 가설을 지지하는 학자들은 아직도 쉽게 합의점에 이르지 못하고 있다. 그렇기는 하나, 바울신학의 핵심인 칭의론과 이와 관련되어 있는 율법론이 유대인에 대한 바울의 복음전파 사역의 초기부터 쟁점이 되었다고 여기는 것이 옳다면, '북 갈라디아 설' 보다 '남 갈라디아 설' 이 수신자의 상황에 적절할 것이다.

3. 언제, 어디서 기록하였는가?

갈라디아서의 기록 장소 및 연대는, 앞에서 다룬 것처럼, 갈라디아서의 수신자 및 수신지와 불가분(不可分)으로 연관되어 있다. 바울이 갈라디아서 안에서 이 편지를 기록한 장소나 시기를 언급하고 있지 않기 때문에 확실하게 단정을 지을 수는 없지만, 다른 관련 본문들과 앞서 언급한 수신자와 수신자 상황들을 고려해 본다면, 전술(前述)한 두 가지 가설에 따라 다르게 유추할 수 있다.

만약, '북 갈라디아 설' 이 옳다면, 바울은 자신이 세 번째 선교여행을 하던 중 갈라디아와 브루기아 땅을 차례로 다녀 제자들을 굳건하게 한 후(행 18:23) 약 3년 동안 에베소에 머물러 있을 때, 아마도 고린도전서를 기록하기 전후로 이 서신을 기록하였을 것이다. 그렇다면, 갈라디아서는 주후 54-55년 에베소에서 기록되었을 것이다. 그러나 혹자(U. Schnelle 등)는 '갈라디아서와 로마서의 유사성' (이방인 사도로 부름 받음, 갈 1:15-16//롬 1:1-5; 이신칭의, 갈 2:15-21//롬 3:19-28; 아브라함, 갈 3:6-25, 29//롬 4:1-25; 세례, 갈 3:26-28//롬 6:3-5; 종살이와 자유, 갈 4:1-7//롬 8:12-17; 율법과 약속, 갈 4:21-31//롬 9:6-13; 사랑 안에서 자유롭게 행함, 갈 5:13-15//롬 13:8-10; 원함과 행함의 모순, 갈 5:17//롬 7:15-23; 성령으로 사는 삶, 갈 5:16-26//롬 8:12ff)과 갈라디아서(2:10) 및 고린도전서(16:1)에 언급된 모금 행위의 연관성을 근거로 제시하여, 갈라디아서가 고린도 교회에 두 편지를 보낸 후, 그리고 로마서를 쓰기 직전, 마게도냐에서 기록되었다고 주장하기도 한다.

앞서 언급한 대로, '남 갈라디아 설' 이 갈라디아서의 본문과 그 배후 상황에 더 어울린다면, 바울은 이 서신을 비교적 선교 초기인 주후 50-51년경 마게도냐에서 기록하였을 것이다. 누가의 보고에 의하면, 바울은 바나바와 함께 첫 번째 본격적인 선교여행(행 13-14장)을 하였고, 이때 갈라디아 교회를 세웠으며, 두 번째 선교여행 길에 다시

이 교회를 방문한 것으로 보인다(행 16:1-18, 23). 이 경우 갈라디아서에 언급된 바울의 모금 여행(갈 2:10)은 '사도회의'(갈 2:1-10; 행 15:1-21)가 아니라 그 이전에 바울이 유대의 가난한 사람들을 구제하기 위해 구제금을 전달한 예루살렘 방문(행 11:30; 12:25)과 동일시된다.

4. 왜 기록하였는가?

바울이 갈라디아서를 기록한 목적은 서신의 머리말에서 찾을 수 있다. 특히 1장 6-9절에서 바울은 '자신의 일행이 전한 복음'(1:8)과 '다른 복음'(1:7, 9)을 구분하고, '다른 복음'은 복음의 한 종류가 아니라 아예 복음이 아니며, 자신이 전한 복음, 곧 바울이 처음 그리스도를 전할 때 '그들이 받은 복음' 외에 다른 복음을 전하면 저주를 받을 것이라고 단호하게 말한다. 여기서 '다른 복음'이란 이방적 기독교의 신학적 정당성을 인정하지 않는 유대적 기독교의 신학적 선포와 관련되어 있다. 율법의 준수와 할례의 행함을 구원의 전제 조건으로 내걸고 전하는 유대주의적 기독교 선교사들이 선포하는 복음이 곧 바울이 말하는 '다른 복음'이다. 아마도 이들은 바울의 사도성에 이의를 제기하였을 것이다. 그러므로 바울은 자신의 사도됨을 서두에 언급해야 했고(갈 1:2), 이를 예수 그리스도의 계시를 들어 변호해야 했다(갈 1:11-17). 이러한 유대주의적인 복음은 바울이 갈라디아에서 전했던 '그리스도의 복음'을 변하게 하는 것이었으며, 갈라디아 교인들을 교란시키는 것이었다(갈 1:7; 참조, 5:10). 따라서 바울은 이러한 유대주의적 전도자가 전하는 '다른 복음'을 비판하고, 오로지 예수 그리스도를 믿음으로써 의롭다 여김을 받는, 자신이 전한 '그리스도의 복음'에 갈라디아 교인들이 굳게 서도록 권면하게 하기 위하여 본 서신을 기록하였다.

5. 무엇을 기록하였는가?

갈라디아서에서 찾아볼 수 있는 중요한 기본 신학사상으로는 바울의 '복음' 이해와 '칭의론', 그리고 그와 관련된 '율법' 이해 등을 들 수 있다. 먼저, '복음'을 살펴보기로 하자. 바울은 자신이 쓴 편지들에서 '복음'(euangelion) 용어를 세 가지 수식어와 함께 사용한다. 곧 '하나님의 복음'(롬 1:1; 15:16; 고전 11:7 등), '그리스도의 복음'(롬 1:3-4; 고전 9:12; 갈 1:7; 빌 1:27), '나의 복음'(롬 2:16; 16:25)이 그것이다. '하나님의 복음'이라 함은 복음의 출처 혹은 기원이 하나님임을 나타내며, '그리스도의 복음'이란 복음의 내용이 예수 그리스도임을 가리키고, '나의 복음'이라 함은 바울 자신이 전하는 복음을 의미한다. 특히, 바울은 갈라디아서에서 자신이 전한 복음을 율법의 행함을 구원의 조건에 포함시키는 유대주의적인, 다른 복음과 차별화한다(1:7, 9, 11-12).

이러한 바울의 특징적인 복음 이해에서 그 자신의 '칭의론'이 전개되는데, 갈라디아서의 칭의론은 로마서의 그것과 달리 유대주의적 복음 전도자들이 주장하는 칭의론에 맞서 훨씬 논쟁(論爭)적이다. 바울은 율법의 행위가 아니라 오직 예수 그리스도를 믿음으로 의롭게 됨을 역설한다(2:16). 바울의 '인간' 이해와 관련하여 율법으로는 하나님 앞에서 의롭다 여김을 받을 육체가 없다(2:16). 그 결과 모든 인간은 율법의 저주 아래 있다(3:10-12 참조). 그러므로 하나님께 의롭다 여김 받는 유일한 길은 예수 그리스도를 믿음으로 말미암는다. 다시 말하면, 바울의 칭의론은 '이신칭의'(以信稱義)이며, 그것도 예수를 믿음으로 말미암는 '기독론적 이신칭의론'이다.

바울의 율법 이해도 이러한 바울의 칭의론과 불가분으로 관련되어 있다. 로마서에 나타나는 바울의 율법론과 갈라디아서의 율법론을 비교해 보면, 갈라디아서의 경우 바울의 율법 이해는 훨씬 부정적이다. 갈라디아서에서 율법은 아브라함에게 주어진 약속 후 430년 지나 주어져 약속에 부차적이며(3:15-18 참조), 인간의 범법 때문에 더하여진 것이다(3:19). 곧 율법의 기능은 무엇보다도 죄를 불러일으키는 역할을 한다. 그것은 약속하신 자손이 오시기까지 천사들을 통하여 한 중보자인 모세에 의해 전해진 것이다(3:19). 율법은 죄의 권세 때문에 구원의 '길'로서 그 의미를 잃어버렸다(3:22). 그러므로 예수 그리스도의 계시 이전에 인간은 '율법 아래'(3:23), '초등교사 아래'(3:25), '후견인과 청지기 아래'(4:2), '세상의 초등학문 아래'(4:3) 있었다. 이런 부정적인 율법론 역시 칭의론처럼 로마서의 그것과 구별된다. 로마서의 경우 율법은 거룩하며 의로우며 선하기 때문에(롬 7:12), 그것은 사람으로 하여금 자신의 죄를 깨닫게 한다(롬 3:20; 7:7). 그러므로 로마서에서는 율법의 긍정적인 기능이 강조되어 있다. 갈라디아서의 경우 율법론이 상대적으로 부정적인 것은 그것이 갈라디아 교회의 논쟁적 상황과 밀접하게 관련되어 있었기 때문이다. 하나님의 백성이 되기 위해서는 유대인의 율법 규정에 복종해야 하는 것이 아니다. 갈라디아 성도들이 성령을 받은 것은 율법의 행위로 말미암은 것이 아니라, 복음 선포를 통해서이다(3:3-5 참조). 성령 안에서 이들은 '하나님의 자녀'가 되었으며, 진정한 약속의 상속자가 되었다(3:26; 4:6-7 참조). 갈라디아 성도들은 자유를 위해 부르심을 받았으며(5:1, 13 참조), '성령 받은 사람'(6:1)으로서 더 이상 육체의 권세 아래 있지 않다(6:8). 그리스도인이 복음을 통해 예수 그리스도를 믿음으로 하나님의 자녀가 되고, 영으로 살게 된 사람들이라면, 당연하게 성령으로 살아야 한다(5:25-26). 그리고 성령을 따라 행하는 행위는 육체가 추구하는 '육체의 일들'과 다르게 성령 안에서 맺혀지는 '성령의 열매'이다(5:16-23).

6. 어떤 방식으로 기록하였는가?

갈라디아서는 편지로 기록되었기 때문에 편지 양식을 따른다. 곧 갈라디아서는 서신의 '머리말'(1:1-10), '몸말'(1:11-6:10), '마감말'(6:11-18)로 구분되는데, 세부적으로 다음과 같이 단락을 나눌 수 있다.

제1부 머리말(1:1-10)

1:1-5	서두(발신자, 수신자, 문안 인사)
1:6-10	서신의 기록 목적

제2부 몸말(1:11-6:10)

1:11-2:14	바울의 자전(自傳)적 진술
1:11-17	바울이 전한 복음
1:18-2:14	바울의 사도성
2:15-21	구원 명제: 이신칭의
3:1-4:31	율법과 영, 종살이와 양자됨
3:1-14	율법의 행위로냐, 믿음으로냐
3:15-29	율법과 약속
4:1-20	종이 아닌 양자(養子) 됨
4:21-31	하갈과 사라 비유: 종노릇과 자유함
5:1-6:10	양자됨의 자유함 안에서 성령으로 사는 삶
5:1-12	사랑으로 역사하는 믿음 안에서 종살이에서 자유로운 삶
5:13-26	성령으로 열매 맺는 삶
6:1-10	종결 권면: 짐을 서로 지고 성령으로 선을 행하라

제3부 마감말(6:11-18)

6:11-18	종결어

또 갈라디아서는 바울의 주요 서신들(로마서, 골로새서, 에베소서 등)처럼 거시(巨視)적 2분구도(構圖)를 보여 준다. 곧 전반부는 구원의 대열에 들어선 그리스도인들을 굳게 서게 할 의도로 '교리'를 가르치고, 그런 반면 후반부는 성도들이 마땅히 행해야 할 '윤리적인 권면들'로 이루어져 있다. 곧 1-4장은 이신칭의의 교리를, 5-6장은 의로운 삶을 위한 윤리적 권면을 다룬다.

최근에 갈라디아서를 고대 그리스-로마 세계에 널리 퍼져 있던 수사학(修辭學)의 관점에서 이해하고 해석하기도 한다. 특히 베츠(H. D. Betz, *Der Galaterbrief*, 1988)는 연설이나 본문으로써 청중이나 독자를 설득하는 것을 목표로 삼는 수사학의 관점에서 갈라디아서를 바울이 복음을 변호하는 '변증 서신'으로 여겨 전형적인 수사학적 양식을 따라 다음과 같이 구분한다.

1:1-5	서언(praescriptum)
1:6-11	서론(exordium)
1:12-2:14	해설(narratio)
2:15-21	변증하려는 명제(propositio)
3:1-4:31	증명(probatio)
5:1-6:10	권면(exhortatio)
6:11-18	결어(conclusio)

이러한 수사학적 단락 구분은 앞에서 제시한 본문 구조와 함께 갈라디아서를 본문 중심적으로 이해하는 데 도움을 줄 수 있다.

참 . 고 . 자 . 료

최근 갈라디아서 연구 동향

최근 갈라디아서에 대한 연구 방향은 다음 몇 가지 방향에서 두드러지게 나타난다. 우선, 전통적인 개론 문제로 갈라디아서의 기록 연대와 장소 문제와 관련하여 '남 갈라디아 설' 이 적절한가 아니면 '북 갈라디아 설' 을 따라야 하는 문제가 여전히 합의를 보지 못하고 논란이 계속되고 있다. 또 갈라디아서의 양식과 관련하여 이 서신을 베츠(H.-D. Betz)처럼 '변호 서신' 으로 여겨야 하는가에 대해서도 문제가 제기되기도 한다. 무엇보다도, 갈라디아서에 바울이 언급하는 율법의 기능이 로마서의 그것과 구분된다는 점에서, 휘브너(H. Hübner)의 주장처럼 두 서신 사이에 바울의 율법 이해에 있어서 신학적 발전이 있다고 보는 것이 정당한가, 아니면 하안(F. Hahn)이나 케르텔게(K. Kertelge)처럼 율법에 대한 바울의 이해에 결정적인 신학사상의 발전은 없었다고 여기는 것이 옳은가는 문제도 뜨거운 논쟁거리이다. 게다가 갈라디아서의 칭의론과 고린도전서의 '십자가의 도' (고전 1:18)가 하나의 주제로 다루어지는 것도 최근에 논의되는 과제에 속한다. 또 그리스도인의 행함을 '일' 이 아닌 '열매' 로 이해하는 신약 윤리적 연구도 주목할 만하다(S. Schulz).

함께 생각하기

1. 바울의 초기 선교 상황에 비추어 볼 때 갈라디아서는 왜 중요하다고 생각합니까?

2. 갈라디아서의 개론을 살펴볼 때 갈라디아서 공부에서 기대할 수 있는 것을 조원들과 나누어 봅시다.

III. 다음 수업 본문의 예시와 과제 제시

다음 주에 공부할 본문(1:1-10)의 내용은 서신의 머리말에 담겨 있는 발신자, 수신자, 문안 인사 진술과 서론에 해당하는 갈라디아서의 기록 목적에 대한 것입니다. '다른 복음은 없나니' 의 관점에서 『굳 뉴스 스터디 바이블-개역개정판』과 『해설 · 관주 성경전서 - 독일성서공회판』의 해설 부분을 참조하여, 자신의 해설 성경을 만들어 A4 용지 1매 분량으로 정리해 오십시오.

마무리 기도

기도로 마무리합니다.

■ 주요 참고 문헌

『굳 뉴스 스터디 바이블-개역개정판』. 서울: 대한성서공회, 2000.

『해설 · 관주 성경전서-독일성서공회판』. 서울: 대한성서공회, 1997.

김창선. 『복음의 진리를 위한 사도바울의 투쟁』. 서울: 한국성서학연구소, 2007.

Longenecker, Richard N. *Galatians*. Word Biblical Commentary Vol. 41. 이덕신 역. 『WBC 성경주석 갈라디아서』. 서울: 솔로몬, 2003. 85-170.

Schnelle, Udo. *Einleitung in das Neue Testament*. UTB 1830. Göttingen: V. & R., 2002. 111-128.

제2과 ○

다른 복음은 없나니 (갈 1:1-10)

갈라디아서 1장 10절

이제 내가 사람들에게 좋게 하랴
하나님께 좋게 하랴 사람들에게 기쁨을 구하랴
내가 지금까지 사람들의 기쁨을 구하였다면
그리스도의 종이 아니니라

제2과 다른 복음은 없나니 (갈 1:1-10)

'죄에서 자유를 얻게 함은' 4절 함께 찬송하기
(찬송가 268장/ 통 202장)

구주의 복음을 전할 제목 보혈의 능력 주의 보혈
날마다 나에게 찬송 주니 참 놀라운 능력이로다
주의 보혈 능력 있도다 주의 피 믿으오
주의 보혈 그 어린 양의 매우 귀중한 피로다

1. 본문으로 들어가면서(10분: 전체)

배정된 본문의 짜임새와 전후 관계 살피기

(1) 학생의 나눔

* 갈라디아서 1장 1-10절의 내용이 갈라디아서 1-2장의 문맥에서 어떤 위치에 있는지, 또 어떤 중요성이 있는지 조에서 나누어 봅시다.

(2) 인도자의 설명

* 본문의 짜임새와 전후 관계, 속한 장과의 관련성 등을 간략하게 설명하십시오.

참.고.자.료

1:1-5	**서두(발신자, 수신자, 문안 인사)**
1:6-10	**서신의 기록 목적**
1:11-2:14	바울의 자전(自傳)적 진술
2:15-21	구원 명제: 이신칭의
3:1-4:31	율법과 영, 종살이와 양자됨
5:1-6:10	양자됨의 자유 안에서 성령으로 사는 삶
6:11-18	종결어

본문 단락은 갈라디아서의 서두에 위치해 있는 서두(書頭), 곧 머리말이다. 이 서두(1-5절)는 다시 세 부분으로 이루어져 있다. 당시 서두의 세 가지 기본 요소인 발신인(superscriptio), 수신인(adscriptio), 문안 인사(salutatio)가 한 문장 안에 요약되며, 이때 발신인은 주격(사도 바울은)으로, 수신인은 여격(갈라디아 여러 교회에게)으로, 문안 인사는 "하나님 아버지와 주 예수 그리스도로부터 [오는] 은혜와 평강"으로 표현된다. 이어서 6-10절 단락에 갈라디아서의 기록 목적

이 언급된다. 이때 갈라디아서의 서두는 단순한 머리말, 그 이상이다. 이는 여기에서 갈라디아 교회 상황을 엿볼 수 있으며, 갈라디아 성도들이 바울을 어떻게 대하고 있는지를 엿볼 수 있기 때문이다. 갈라디아 교회 상황은 바울이 전한 복음 외에 다른 복음이 회자되는 상황이었다. 그러므로 바울은 자신이 전한 복음의 정당성을 확보하고 인정받기 위해서 무엇보다도 복음을 전한 자신의 사도성(使徒性)을 변호해야 했다. 따라서 서두에 이어 '바울의 자전(自傳)적 진술' 단락이 뒤따르는 것은 불가피하였다.

2. 본문 읽기(10분: 조별로)

(1) 읽기

* 다양한 방법으로 본문을 반복하여 여러 번 읽습니다.

1) 조에서 각자가 본문을 한 번 천천히 읽도록 합시다.

2) 조장이 읽고 조원들은 눈을 감고 마음에 그리며 듣도록 합시다.

(2) 그리기

* 읽고 들으면서 새롭게 느낀 점이나 감동되는 내용을 적어 봅시다. 그리고 서로 바꾸어 읽어 봅시다.

3. 본문 이해하기(40분: 조별로)

(1) 문단 나누기

1) 핵심 낱말을 중심으로 본문을 소 단락으로 나누어 봅시다.

2) 소 단락에 제목을 붙여 봅시다.

1:1–5	서두
1:1	발신자: 사도된 바울과 함께 있는 모든 형제
1:2	수신자: 갈라디아의 여러 교회들
1:3	문안 인사: 하나님 아버지와 주 예수 그리스도의 은혜와 평강 기원
1:4–5	아버지의 뜻을 따라 대속하신 그리스도 찬양 송영
1:6–10	서신의 기록 목적
1:6	다른 복음을 따름
1:7	바울이 전하는 것 외 다른 복음은 없음

1:8-9	다른 복음을 전하는 자는 저주 받음
1:10	하나님을 기쁘시게 하는 그리스도의 종

(2) 소 단락을 읽고 이해하기

1) 1절과 10절에 의하면, 바울은 자신을 어떻게 이해하고 갈라디아 성도들에게 소개합니까? 또 이렇게 말하는 이유가 무엇이라고 생각하십니까? (2절)

바울은 열두 제자처럼 예수님의 가르침을 받거나 그들과 함께 지내지 못하였다. 그럼에도 불구하고, 누가에 의하면, 바울은 다메섹 도상에서 부활하신 예수 그리스도를 만나 회심한 이후 예수 그리스도의 부활을 증언한 '부활의 증인' 이라는 의미에서 사도였다(행 13-14장). 열두 제자와 비교해 볼 때 이런 사도성의 차이 때문에 바울은 자신을 반대하는 적대자들과 논쟁하거나 반박할 때 자신의 사도성을 변호해야하는 부담을 가지고 있었다. 그래서 바울은 자신의 사도성의 기원을 지상에서 예수님과 함께 한 데서 찾지 않고, 예수 그리스도와 그를 즉은 자 가운데 살리신 하나님 아버지로부터 직접 찾는다(1절). 그뿐 아니라 바울은 하나님을 기쁘시게 하는 '그리스도의 종 됨' 에서 자신의 사도성을 변호한다.

2) 바울은 "함께 있는 모든 형제와 더불어 갈라디아 여러 교회들에게" 문안합니다. 갈라디아 여러 교회들은 구체적으로 어떤 교회들이 있을까요? 또 여기서 여러 문안자들을 언급하는 바울의 의도는 무엇일까요? (3절)

바울 당시 '헬라어를 말하는 고올인의 땅' 이란 의미의 '갈라디아' 라는 지명은 두가지 명칭으로 사용되었다. 좁은 의미의 '갈라디아' 는 현재 앙카라 주변의 소아시아 내륙 지역, 곧 비시디아나 밤빌리아 북쪽에 위치한 브루기아, 타비움, 앙쿠라, 펫

시누스를 포함한 ‘북(北) 갈라디아’ 지방을 가리키는 명칭이었고, 넓은 의미의 ‘갈라디아’ 는 로마 제국의 ‘속주 갈라디아’ (Provincia Galatia)로 남쪽의 다른 여러 지역들을 포함하는 지명이었다. 북 갈라디아든, 남 갈라디아든 바울이 언급하는 “갈라디아 여러 교회들” 은 이 지역에 흩어져 있던 교회들을 가리킨다.

또 여기서 바울이 자신과 함께 여러 동반 문안자들을 언급하는 것은 바울의 ‘협력 선교’ 를 보여 준다. 바울은 결코 혼자 독자적으로 선교하지 않고, 자신과 함께 복음을 전할 사람들을 동역자로 삼아 그들과 함께 협력 선교를 하였다. 이런 의미에서 바울은 서신의 서두와 말미에 동반 문안자를 언급하는데, 어떤 경우에는 구체적으로 그 이름까지도 밝히기도 한다.

3) 인사말(3-5절)에서 바울은 자신이 선포하는 예수 그리스도를 어떻게 소개합니까? 또 이 단락은 뒤따르는 6-10절 단락과는 어떤 관련의미가 있나요?

은혜와 평강은 하나님 아버지로부터 오는 것처럼 예수 그리스도로부터 온다. 여기서 유대교의 신관(神觀)의 기독교적 확장을 볼 수 있다. 예수 그리스도는 우리의 죄를 대속하기 위해 자기 몸을 주신 하나님의 아들이시다. 그러므로 하나님께 영광을 돌려야 하는 것처럼 그 아들에게도 영광을 돌려야 한다. 대속하신 예수 그리스도의 은혜를 찬양하는 송영에 뒤따르는 바울이 전하는 복음과 ‘다른 복음’ 에 대한 반박이 암시되어 있다. 바울은 이 단락의 마지막 절인 10절에서 자신이 ‘값싼 은혜’ 를 전한다고 비방하는 적대적 다른 복음 전파자들에 대하여 자신은 사람이 아니라 하나님을 기쁘시게 하는 ‘그리스도의 종’ 임을 천명한다.

4) 6–10절 단락에서 "다른 복음"이란 용어가 몇 번 사용되었으며, 그것이 의미하는 바와 특성은 무엇일까요?

한글개역성경에서는 6-9절에서 각 절마다 '다른 복음' 이 네 번 언급된다. 그렇기는 하지만, 원문 성경에서는 '다른' (heteron)이라는 한정어가 붙은 명사 '복음' (euangelion)은 6절에서만 찾아볼 수 있다. 이는 바울이 전한 복음과 '다른 복음' 을 말하며, 복음에 이런 복음도 있고, 저런 복음이 있는 것이 아니다. 바울이 전하는 복음 외에 다른 복음이 없다. 바울과 다른 복음을 전하는 자는 '저주' (anathema)를 받아야 마땅하다('저주를 받을지어다' 가 8절과 9절에서 한 번씩 사용). 이런 강경한 발언은 바울서신에서 찾기가 쉽지 않다. 이는 바울이 확신하고 전하는 '예수 그리스도를 믿음으로 말미암아 의롭다 여김 받는 복음' 은 일점일획도 양보하거나 타협할 수 없는 '은혜로 주어지는 복음' 의 본질에 속하는 문제이기 때문이다. '다른 복음' 은 바울이 전한 복음을 받은 갈라디아 교회의 성도들을 교란시킨다. 그러므로 바울은 강경한 어조(語調)로 '다른 복음' 에 반대한다.

5) 바울 일행이 갈라디아 성도들에게 "전한 복음"은 어떤 복음이라고 생각합니까? (8–10절)

바울 일행이 전한 복음의 핵심은 2장 15-21절 단락에 제시된 구원 명제, 곧 '이신칭의' 의 복음이다. 예수 그리스도를 믿음으로써 은혜로 받는 구원의 소식이 곧 바울이 전하는 복음이다. 바울은 3-4장에서 '율법과 영' , '종살이와 양자됨' 의 대비적인 관계로써 행위로 말미암는 구원을 전하는 '다른 복음' 과 예수님을 믿음으로 말미암는 구원을 전하는 '자신의 복음' 을 대조하면서, 자신이 전하는 복음을 설명한다.

6) 두 번이나 언급된 "저주를 받을지어다"에서 갈라디아 교회의 상황은 어떠하다고 생각하십니까? (8–9절)

'저주' (anathema)라는 용어는 신약성경에 총 6번 나오는데, 사도행전에서 한 번 사용된 것을 제외하고는 모두 바울서신에서 나타난다(로마서 1번, 고린도전서 2번, 갈라디아서 2번). 바울의 경우, 이 용어는 모두 유대적인 구원론에 반박하는 기독교적 복음 전파와 관련되어 바울의 입을 통하여 사용되었다. 이 '저주' 언급에서 갈라디아 교회가 '다른 복음' 으로써 '바른 복음' 으로부터 떠날 만큼 심각하게 혼란스러웠음을 추론할 수 있다.

7) 바울이 말하는 '다른 복음' 과 자신들의 일행이 '전한 복음' 은 어떻게 다르다고 생각하십니까? (7–10절 참조)

5)번 질문에 대한 해설을 참조하라. 바울 일행이 전한 복음은 '오직 예수 그리스도를 믿음으로써만 의롭다 여김' 을 받는 '기독론적 이신칭의' 의 복음이다. 구원은 하나님의 은혜로 주어지는 '하나님의 선물' 이며, 그러므로 기독교의 구원 소식은 복음이다. "너희는 그 은혜에 의하여 믿음으로 말미암아 구원을 받았으니 이것은 너희에게서 난 것이 아니요 하나님의 선물이라 행위에서 난 것이 아니니 이는 누구든지 자랑하지 못하게 함이라" (엡 2:8-9).

(3) 본문과 관련된 다른 성경구절 살펴보기

빌립보서 3장 1–11절 단락을 읽고 본문과 관련된 의미를 살펴봅시다.

바울은 빌립보서의 관련 단락인 3장 1-11절에서 빌립보 교회에게 율법주의 거짓

교사를 삼가라고 권면한다(1-3절). 이들은 양피를 자른 것을 자랑하는 '할례당' 이나 진정한 '할례당' 은 빌립보 성도들에게 '이신칭의' 의 복음을 전하는 바울 일행이다(3절). 바울 자신도 과거에는 자신의 유대적 출신과 특성을 자랑하였으나(4-6절), 예수 그리스도를 만나 그를 믿음으로써 의롭다 여김을 받은 후에, 모든 유대주의적 구원관을 배설물처럼 여길 수 있게 되었다(7-9절). 복음의 본질을 밝힌 다음, 바울은 이러한 '기독론적 이신칭의' 가 무엇을 의미하는지를 결승점을 향해 달려가는 그리스도인의 삶으로 해명한다(10-11절). 예수 그리스도를 믿음으로 말미암아 의로 여김 받음의 목표는 부활에 이르는 것이었다. 이처럼 빌립보서의 경우 '칭의' 와 '부활' 은 불가분(不可分)으로 관련되어 있다. 그러므로 바울은 예수 그리스도의 고난과 부활의 권능에 참여하기 위해 그리스도를 본받고사 하였나. 그러나 갈라디아서의 경우 교회의 상황은 빌립보서의 그것과 달랐다. '다른 복음' 에 대치한 구원의 교리 논쟁이 교회를 교란시키고 흔드는 위기 상황이었다. 이런 상황에서 바울은 한 치도 양보할 수 없는 이신칭의의 복음을 고수하고자 하였던 것이다.

📖 마가복음 10장 45절, 디모데전서 2장 6절과 3장 16절, 디도서 2장 14절을 읽고 예수 그리스도에 대한 다른 신약의 증언들과 비교해 봅시다.

🔑 마가복음의 구원론에서 핵심이 되는 구절인 마가복음 10장 45절에 의하면, 예수님은 섬김을 받으려 함이 아니라 섬기려고, 또 자신의 목숨을 많은 사람의 대속물(代贖物)로 주려고 세상에 오셨다. 예수 그리스도의 대속의 은혜는 후기 바울서신에서도 나타난다. 바울은 디모데전서 2장 6절에서 예수께서 "모든 사람을 위하여 자기를 대속물로 주셨다" 고 선포하며, 이어 3장 16절에서 예수의 그리스도 되심을 "육신으로 나타난바 되시고 영으로 의롭다 하심을 받으시고 천사들에게 보이시고 만국에서 전파되시고 세상에서 믿은바 되시고 영광 가운데서 올려지신" 분으로 전한다. 또 디도서 2장 14절에서도 바울은 성도는 예수 그리스도의 대속(代贖)으로 말미

암아 하나님의 백성 됨을 알게 한다. 이처럼 신약성경에 나타나는 예수의 증인들은 '기독론적 이신칭의' 의 근거가 되는, 예수 십자가 죽음의 대속적 의미를 강조한다.

(4) 본문을 재구성하기

* 위에서 살펴본 구절들과 갈라디아서 1장 1-10절 단락을 관련지어 복음을 변증하는 하나의 이야기로 만들어 봅시다. 다른 사람에게 복음을 변호할 때, 예수님의 죽음에 대해 어떻게 말할 수 있는지 바울의 입장에서 재현해 봅시다.

용 . 어 . 해 . 설

'변호' (apologia)

이 용어는 신약성경에서 모두 여덟 번 사용되었는데, 한 번은 베드로의 입에서 불신자들이 묻는 소망의 이유에 대한 '답변' 의 뜻으로 사용되었고(벧전 3:15), 나머지는 모두 바울의 입을 통해 사용되었다. 바울의 경우 이 용어는 항상 복음의 적대자에 대하여 혹은 복음 전파의 적대적 상황에서 복음을 변호할 때 나타난다(행 22:1; 26:16; 고전 9:3; 고후 7:11; 빌 1:7, 17; 딤후 4:16).

4. 본문으로 나, 교회, 세상 읽기(20분: 조별로)

아래의 제목 중 한 가지를 택하여 서로의 생각을 나누십시오.

(1) 본문으로 나 읽기

1) 본문에 언급된 바울의 자기 이해 또는 자의식(自意識)과 비교해 볼 때, 나는 스스로를 어떻게 이해하고 있는지에 대해 이야기해 봅시다.

* 자기 이해 혹은 자의식은 자신이 스스로를 누구이며, 무엇하는 사람인가 등, 스스로를 어떻게 이해하는가 하는 자기 정체성(identity)에 관한 것입니다.

2) 본문에 나타난 '다른 복음'과 '받은 복음'의 관점에서 내가 받은 복음은 어떤 복음입니까?

* 바울의 '복음' 용어의 용례를 살펴보면, 복음은 다메섹 도상에서 경험했던 예수 그리스도를 통하여 자신이 전해 받았던 신앙 전승에 대한 해석입니다.

(2) 본문으로 교회 읽기

1) 한국 교회 주변에 떠도는 '다른 복음'으로는 어떤 것이 있나요? 또 그것이 교회에 미치는 영향에 대해 말해 봅시다.

2) 오늘날 한국 교회의 '복음성' 에 대하여 서로의 생각을 나누어 봅시다.

(3) 본문으로 세상 읽기

1) 본문에 언급된 "이 악한 세대"(4절)와 관련하여 오늘날의 세상에 대해 이야기 해 봅시다.

2) 본문에 비추어 볼 때 현재 한국 교회 상황에서 복음이 세상에서 어떻게 인식되는지 말해 봅시다.

5. 삶으로 엮어 내기(15분: 조별로)

4번에서 선택한 항목을 골라 토론하십시오.

(1) '나'의 삶에 적용하고 실천할 수 있는 방안 모색하기

1) 나는 하나님 앞에서 누구입니까? 나의 자기 이해와 나를 부르신 하나님의 부르심의 상관성을 재고해 볼 때 이를 나의 삶에 적용할 수 있는 점은 무엇입니까?

2) 내가 받은 복음에 대한 확신을 위해 힘써야 할 점은 무엇입니까?

⑵ '교회'의 삶에 적용하고 실천할 수 있는 방안 모색하기

1) 한국 교회 주변에 떠도는 '다른 복음'을 전하는 이단이나 사이비에 대해 어떻게 대처하는 것이 좋을까요?

2) 오늘날 한국 교회의 '복음성'을 위해 힘써야 할 점으로는 어떤 것이 있을까요?

(3) '세상'의 삶에 적용하고 실천할 수 있는 방안 모색하기

1) '악한 세대'에 복음을 전하는 사람들의 기본자세나 태도에 대해 말해 봅시다.

2) '악한 세대'에 복음을 효과적으로 전하려면 어떻게 하는 것이 좋을까요?

6. 조별 마무리

1) 참여자들은 인도자에 대한 평가서를 작성하여 인도자에게 줍니다.

2) 오늘 조별 활동에 대한 평가와 소감을 나눕니다.

7. 대그룹 마무리(40분: 전체)

1) 해결하지 못한 사항이 있으면 질문하십시오.

2) 조별 공부를 통해서 결정했던 실천사항들을 전체 모임에서 발표합니다.

3) 인도자가 성경공부를 인도한 소감을 간단하게 말합니다.

4) 다음 수업 본문의 예시와 숙제 제시

* 다음 주 수업은 '예수 그리스도의 계시로 말미암은 복음' (갈 1:11-24)입니다. 본문 단락과 전후 단락이 어떻게 관련되어 있는지 본문의 전후 맥락을 분석하여 자신이 이해한 바를 A4 용지 1장으로 요약하여 과제물로 제출하십시오.

5) 기도로 마무리합니다.

제3과

예수 그리스도의 계시로 말미암은 복음 (갈 1:11-24)

갈라디아서 1장 12절

이는 내가 사람에게서 받은 것도 아니요
배운 것도 아니요
오직 예수 그리스도의 계시로 말미암은 것이라

제3과 예수 그리스도의 계시로 말미암은 복음 (갈 1:11-24)

♪ '주 예수보다 더 귀한 것은 없네' 1절 함께 찬송하기

(찬송가 94장/ 통 102장)

주 예수보다 더 귀한 것은 없네 이 세상 부귀와 바꿀 수 없네
영 죽을 내 대신 돌아가신 그 놀라운 사랑 잊지 못해
세상 즐거움 다 버리고 세상 자랑 다 버렸네
주 예수보다 더 귀한 것은 없네 예수밖에는 없네

1. 본문으로 들어가면서(10분: 전체)

배정된 본문의 짜임새와 전후 관계 살피기

(1) 학생의 나눔

* 갈라디아서 1장 11-24절 단락이 갈라디아서 1-2장의 문맥에서 어떤 위치에 있는지, 또 어떤 중요성이 있는지 함께 생각해 봅시다.

1:1-5	서두(발신자, 수신자, 문안 인사)
1:6-10	서신의 기록 목적
1:11-2:14	**바울의 자전(自傳)적 진술**
1:11-17	**바울이 전한 복음**
1:18-2:14	**바울의 사도성**
2:15-21	구원 명제: 이신칭의
3:1-4:31	율법과 영, 종살이와 양자됨
5:1-6:10	양자됨의 자유 안에서 성령으로 사는 삶
6:11-18	종결어

(2) 인도자의 설명

* 본문의 짜임새와 전후 관계, 속한 장과의 관련성 등을 간략하게 설명하십시오.

참 . 고 . 자 . 료

1:11-2:14	바울의 자전(自傳)적 진술
1:11-17	**바울이 전한 복음**
1:18-24	**바울의 사도성: 사도회의 참가 전까지 생애 요약**

2:1-10	바울의 사도성: 사도회의 참가
2:11-14	수리아 안디옥에서 바울과 게바의 충돌 사건

전 단락에서 바울은 서신 문안 인사를 한 다음, 자신이 전해 들은 갈라디아 교회의 비(非) 복음 내지는 반(反) 복음적 상황에서 자신이 전한 복음 외에 다른 복음이 없음을 단호하게 언급하였다. 이어지는 단락에서 바울은 자신이 전한 복음의 정당성을 확보하려고 자신의 사도성(使徒性)을 변호한다. 이를 위해 예수의 열두 제자와 출신 성분이 다른 바울은 자신의 생애 이력을 알려야만 했다. 바울은 자신의 서신 어디에서도 자신의 생애를 집중적으로 다룬 전기(傳記)를 기록하지 않았다. 다만, 갈라디아서에서는 '복음'의 변증을 위해 필요한 자신의 '사도성'을 변호하기 위해 자전(自傳)적으로 진술해야만 했다. 바울이 전한 복음은 예수 그리스도의 직접 계시로 말미암은 것이며(1:12), 그분을 만난 후 바울은 예수와 기독교인들을 박해하는 박해자로부터 회심하여 오랜 수련 기간을 거친 다음, 예수 그리스도를 전하는 복음 전도자가 되었다(1:11-24). 그 후 바울이 전하는 복음에 대하여 복음 전파의 '원조'(元祖)인 예루살렘 교회로부터 인정을 받는 기회가 바로 예루살렘에서 열렸던 '사도회의'였다(2:1-10). 이런 맥락에서 갈라디아서 1장 11-24절 단락은 바울이 자신의 복음 전파에 대한 정당성 확보를 위하여 사도성을 변증하는 자전(自傳)적 진술 단락이다.

2. 본문 읽기(10분: 조별로)

(1) 읽기

* 다양한 방법으로 본문을 반복하여 여러 번 읽습니다.

1) 조에서 각 조원들은 본문을 천천히 한 번 읽도록 합시다.

2) 조장이 읽고 조원들은 눈을 감고 마음에 그리며 듣도록 합시다.

(2) 그리기

* 읽고 들으면서 새롭게 느낀 점이나 감동되는 내용을 적어 봅시다. 그리고 서로 바꾸어 읽거나 나누어 봅시다.

3. 본문 이해하기(40분: 조별로)

(1) 문단 나누기

1) 핵심 낱말을 중심으로 본문을 소 단락으로 나누어 봅시다.

1:11-2:14	바울의 자전(自傳)적 진술
1:11-17	**바울이 전한 복음의 유래 및 내용과 자신의 사도로 부름 받음**
1:18-24	**바울의 사도성: 사도회의 참가 전까지 생애 요약**
2:1-10	바울의 사도성: 사도회의 참가
2:11-14	수리아 안디옥에서 바울과 게바 간의 충돌 사건

핵심 낱말로는 '복음' (11절), '계시' (12절), '유대교' (13, 14절), '하나님의 교회' (13절), '조상의 전통' (14절), '택정하심' (15절), '은혜' (15절), '부르심' (15절), '이방' (16절), '사도' (17, 19절), '박해' (23절), '믿음' (23절) 등을 들 수 있다. 내용(신학)적인 전후 맥락을 고려해 볼 때, 이 중 가장 핵심적인 용어는 '복음' 과 '사도' 이다. 이 핵심 용어를 중심으로 본문 단락은 11-17절과 18-24절로 둘로 나눌 수 있다. 전자는 바울이 전한 복음의 유래와 내용, 복음의 전달자인 바울 자신의 사도로 택함 받음과 부름 받음을, 그리고 후자는 자신의 사도회의 참가 이전의 생애를 요약적으로 언급한다.

2) 소 단락에 제목을 붙여 봅시다.

1:11-17	바울이 전한 복음의 유래 및 내용과 자신의 부름 받음
1:11-12	바울이 전한 복음의 기원
1:13-14	유대교인으로서 바울의 과거 이력
1:15-16	바울이 하나님께로부터 택하심과 부르심을 받음
1:17	다메섹 도상 회심 이후 아라비아와 다메섹에서 지낸 3년
1:18-24	바울의 사도성: 사도회의 참가 전까지 생애 요약

1:18-20　　게바를 방문하여 예루살렘에서 15일을 지냄

1:21-24　　14년 동안 수리아와 길리기아 지방에서 복음 전파

바울이 전한 복음은 사람에게서 나온 것이 아니라 예수 그리스도의 계시로 말미암아 하나님께로부터 말미암은 것이다(11-12절). 그러므로 '복음'의 기원은 하나님이시며, 그 내용은 '예수 그리스도'이시다. 그리고 바울은 어머니의 뱃속에 있을 때부터 예수 그리스도의 복음을 이방에 전하도록 하나님의 택정하심과 부르심을 받은 사도된 자이다(15-16절).

(2) 소 단락을 읽고 이해하기

1) 11절과 12절에 의하면, 바울이 갈라디아 성도들에게 전한 복음의 성격은 어떠합니까?

바울이 전한 복음은 사람이 아니라 하나님께로부터 유래된 것이며, 그 내용은 그분의 아들이신 예수 그리스도의 계시로 말미암은 것이다.

참 . 고 . 자 . 료

바울서신에 나타난 '복음'(euangelion) 용어

신약성경에서 '복음' 용어는 총 77회 등장하는데, 복음서에서 12회(마태 4회, 마가 8회), 사도행전에서 2회, 베드로전서와 요한계시록에서 각 1회 사용된 것을 제외한 61회는 모두 바울서신에서 나타난다. 바울은 종종 이 용어를 '하나님의', '그리스도의', '나(바울)의'라는 수식어를 붙여 사용하는데, 이로써 바울은

복음의 기원, 내용, 전달자를 알린다. '하나님의 복음'(롬 1:1; 15:16; 고후 11:7)이라 함은 복음의 기원이 하나님임을 보여 주고, '그리스도의 복음'(롬 1:3-4; 고전 9:12; 갈 1:7; 빌 1:27)이라 함은 복음의 내용이 예수 그리스도임을 밝히며, '나(바울)의 복음'(롬 2:16; 16:25)이란 복음의 전달자가 바울 자신임을 나타낸다. 바울은 자신이 전한 복음에 대한 자부심이 대단하며 자신이 전한 복음 외에 다른 복음에 대한 배타성이 단호하고 강경한데, 이는 복음을 전달하는 자신을 자랑하기 위해서가 아니라 자신이 전하는 예수 그리스도로 말미암은 '기독론적 이신칭의'에 대한 양보하거나 타협할 수 없는 입장에서 비롯된 것이다.

2) 바울은 어떤 경위로 사도가 되었나요? 또 바울이 스스로 '사도'로 말하는 이유가 무엇이라고 생각하십니까? 이를 바울이 전한 복음과 관련하여 말해 보십시오. (13-17절)

바울은 열두 제자들처럼 지상에서 예수님의 가르침을 받거나 예수님과 함께 생활한 적이 없었다. 그럼에도 불구하고 바울은 직접 계시에 의해 모태로부터 하나님에 의해 그의 아들 예수 그리스도를 전하는 사도로 택하심과 부르심을 받았다. 바울이 이를 언급하는 이유는 자신이 예수님에 의해 사도로 부름 받지는 않았지만, 하나님에 의해 모태로부터 택정함을 받고 나중에 사도가 되었기 때문이다. 바울이 전하는 복음의 정당성을 얻기 위해서는 복음을 전하는 자신의 사도성을 인정받는 것이 필수적이었기에, 바울은 갈라디아서의 앞부분에서 자신이 전하는 '복음'과 복음을 전하는 자신의 '사도성'을 해명할 수밖에 없었다.

용 . 어 . 해 . 설

'사도' (apostolos)

'사도' 란 원래 '사명을 주어 보내다' 는 의미의 동사 '아포스텔레인' (apostellein = '떠나, 밖으로' [apo]+ '보내다' [stellein])에서 유래된 명사로, '보냄 받은 자' 라는 뜻의 칭호이다. 이는 유다의 '보냄 받은 자' 제도에서 비롯된 명칭으로, 특정한 임무 수행을 위해 보낸 자로부터 그 임무 수행에 관한 전권(全權)을 위임받은 자를 의미한다(마 10:40; 눅 10:16; 요 13: 20 참조). 『독일성서공회판 해설 · 관주 성경전서』의 '용어해설' 참조.

3) 바울은 자신이 하나님으로부터 어떻게 택함 받고 부르심을 받았다고 생각하나요? (15절)

바울은 자신이 어머니의 태에 있을 때 하나님으로부터 택하심과 부르심을 받았다고 말한다. 이는 바울의 구원 받음과 사도됨이 자신의 인간적인 노력에 의해 된 것이 아니라 하나님의 은혜로 말미암은 것임을 나타내기 위함이다. 그가 '어머니의 태로부터' 를 언급한 것은 모든 것이 자신의 행위나 노력이 아니라 순전히 하나님의 은혜에 달려 있음을 가장 분명하게 전달할 수 있는 표현이었기 때문이다.

4) 사도행전 15장 1-21절에 묘사된바 예루살렘에서 있었던 '사도회의' 와 바울의 '제1차 전도여행' 이 묘사된 사도행전 13-14장의 '두 사도' 언급, 또 사도행전 1장 12-26절에 언급된 '사도 보궐선거' 에 미루어 볼 때, 바울보다 먼저 사도된 자들로는 어떤 사람들이 있었을까요? (17절)

원래 '사도' 는 세례 받으심부터 승천하실 때까지 예수와 항상 함께 다니던 사람으로 예수의 부활하심을 증언할 사람이어야 한다(행 1:21-22). 사도행전 1장 12-26절에 언급된 '사도 보궐선거' 에서도 이 기준에 의해 두 사람을 세워, 그 중 한 사람을 제비 뽑아 결정하였다. 그러나 누가에 의하면, '사도' 의 용어는 사도성을 가진, 예수 그리스도 부활의 증인이라는 뜻으로 보다 넓은 의미로 사용되었다. 이런 관점에서 바나바와 바울은 주 예수 그리스도의 사도였다(행 13:43; 14:1, 3, 4, 5, 14, 26). 사도행전 15장에 의하면, 바울보다 먼저 사도된 자로서 사도회의에 참석한 사도들로는 가룟 유다를 대신한 맛디아를 포함한 열두 제자들과 예루살렘 교회의 지도자인 예수님의 동생 야고보가 있었다.

용 . 어 . 해 . 설

'게바' (Kephas)

'게바' 는 예수님의 제자 시몬에 대한 아람어 별칭으로, 그 의미는 '바위' 또는 '반석' 이며, 바울서신에서 이에 대한 헬라어 표현인 '베드로' (Petrus)는 단지 한 번, 그것도 갈라디아서 2장 7–8절에서만 나타난다.

독일의 신약학자, 울리히 빌켄스(Ulrich Wilckens)의 『신약해설성경』(*Das Neue Testament*) 중 본문 단락 해설 참조.

5) 바울이 회심한 후 '사도회의'를 위해 예루살렘을 방문하기 전, 그 사이 기간 동안 바울의 행적은 어떠하였나요? (18-24절)

18절의 '그 후'를 사도행전의 기록과 조화를 이루게 해석한다면, 이는 바울이 예루살렘에서 다메섹으로 가는 길 도상에서 회심한 다음으로 보아야 한다. 바울은 아라비아로 갔다가 다시 다메섹으로 돌아간 후, 삼 년 만에 예루살렘을 재방문하여 게바 집에 보름을 머물렀다. 그러나 예루살렘에 십오 일을 체류하는 동안 주님의 형제 야고보와 베드로 외에 다른 사도들을 만나지 못했다. 예루살렘 방문 후 바울은 수리아를 거쳐 고향인 다소가 있는 길리기아 지방에 머물렀다.

6) 바울이 '예수 그리스도의 계시'를 언급하며(12절), 자신의 택하심과 부르심의 주체를 하나님으로 말하고(15절), 자신의 말이 거짓이 아님을 알고 계신 분이 하나님임을 묘사하며(20절), 자신이 하는 일을 두고 하나님께 영광을 돌리는(24절) 이유가 무엇이라고 생각하십니까?

이는 바울의 사도됨이 다른 사도들과 달랐기 때문이다. 자신의 사도됨은 사람에게서 배워서가 아니라, 하나님의 부르심에 의해서 또 예수 그리스도의 계시에 의해서 이루어졌다. 이는 바울로서는 자신의 사도성을 입증할 수 있는 가장 강력하고도 유일한 길이었다. 이로 인해 바울은 한편으로는 하나님으로부터 보냄 받은 사도로 사역할 수 있었으나, 다른 한편으로는 바울의 적대자로부터 비난과 공격에 대해 변호하는 부담을 항상 가져야만 했다. 이런 의미에서 바울은 자신이 복음 전도를 위해 고난 받음과 고생한 것을 내세우며(바울의 고생록, 고후 6:4-10; 11:22-29; 12:7 등을 참조), 그때 받은 고난의 흉터를 십자가에서 못 박히셨던 예수 그리스도의 '흔적'(stigma, 갈 6:17)으로 여긴다.

7) 회심 전 바울의 열성과 회심 후 바울의 열성이 어떻게 달라졌나요? (14절 참조)

13-14절에 의하면, 회심 이전의 바울은 유대교에 몸담고 있을 때 하나님의 교회를 심히 박해하여 멸하고 동족 중 여러 연갑자보다 유대교를 지나치게 믿어 조상의 유전에 대하여 특별한 열심이 있었다. 이러한 열심 자체는 예수 그리스도를 만난 후에도 변하지 않았다. 다만, 변함이 있다면 열심 자체가 아니라 바울이 열심을 내는 목적과 방향이 달랐을 뿐이다. 회심 전에 바울은 유대교를 위해 헌신하였으나, 회심 후 그는 예수님 때문에 살게 되었고 또 예수님을 위해 살게 되었다.

(3) 본문과 관련된 다른 성경구절 살펴보기

고린도전서 15장 8-10절을 읽고 본문 단락과의 관련의미를 살펴봅시다.

고린도전서 15장은 바울이 죽은 사람의 부활에 대하여 확신이 없는 고린도 교회 성도들에게 그리스도인의 부활을 가르치는 '부활장' 이다. 바울은 그리스도인의 부활을 언급하기 앞서, 죽은 자의 부활의 '첫 열매' (20절)로서 그리스도의 부활을 말한다. 이때 바울은 예수 그리스도의 부활을 경험한 사람들을 열거한다(1-11절). 곧 게바, 열두 제자, 오백여 형제, 야고보, 모든 사도들이 예수 그리스도 부활의 증인이다. 그리고 바울은 맨 나중에 자신을 첨가한다. 그리고 자신을 '만삭되지 못하여 난 자', '사도 중에 가장 작은 자', '하나님의 교회를 박해하였으므로 사도라 칭함 받기를 감당하지 못할 자' 로 소개한다(8-9절). 이런 '약점' 때문에 바울은 어떤 사도보다도 더 많이 수고하였고, 하나님의 은혜를 강조한다(10절). 이런 점에서 고린도전서 15장 8-10절 단락은 바울의 '사도성' 을 변호하는 본문 단락과 일치한다.

📖 구약 예언자들의 부름 받음 기사들(렘 1:5; 사 49:1 등)을 참조하여 바울이 자신의 '사도성(使徒性)' 을 변호하는 본문 단락과의 관련의미를 살펴봅시다.

주전 7세기 예레미야가 예언자로 부르심을 받을 때, 야훼 하나님께서 그에게 주신 말씀에 의하면, 예레미야가 태어나기 전에 하나님께서 그를 알고 성별하여 여러 나라의 선지자로 세우셨다(렘 1:5). 또 주전 6세기 포로 생활에서 귀환을 예언하며 이스라엘을 위로한 이사야도 야훼 하나님께서 자신을 태(胎)에서부터 부르셨고 어머니의 배에 있을 때 자신의 이름을 기억하였다고 고백한다. 구약의 예언자들이 자신의 예언자 됨의 신적(神的) 기원을 태어나기 이전의 '택정함' 과 '부르심' 에서 찾았던 것처럼, 바울도 '모태로부터 택함과 부름 받음' 을 언급함으로써 자신의 사도됨의 신적 기원을 말한다.

(4) 본문을 재구성하기

* 방금 살펴본 본문관련 구절들과 갈라디아서 1장 11-24절 단락을 관련지어 복음을 변호하는 바울의 자기이해를 하나의 이야기로 만들어 봅시다. 다른 사람에게 복음을 전할 때 자신이 하나님께로부터 받은 부르심에 대해 어떻게 말할 수 있는지 바울의 입장에서 재현해 봅시다.

4. 본문으로 나, 교회, 세상 읽기(20분: 조별로)

아래의 제목 중 한 가지를 택하여 서로의 생각을 나누십시오.

(1) 본문으로 나 읽기

1) 본문에 언급된 바울의 소명 의식과 나의 소명 의식을 비교해 보고, 내가 받은 소명에 대해 이야기해 봅시다.

2) 회심 전 바울이 기독교를 박해한 열정과 회심 후 급격한 변화와 관련하여 자신의 회심 전후에 대해 말해 봅시다.

⑵ 본문으로 교회 읽기

1) 본문에 언급된 바울의 자기이해와 관련하여 한국 교회 지도자들의 지도력에 서 필요하고 유익한 점을 찾아봅시다.

2) 본문에 나타난바 회심 이후 바울의 유대 교회에 대한 자세와 행적으로부터 하나님의 일꾼들이 한국 교회 교역의 현장에서 배울 점을 말해 봅시다.

⑶ 본문으로 세상 읽기

1) 본문에 언급된 회심 이전 바울의 모습이나 행적(14절)과 관련하여 세상의 '기독교 박해' 에 대해 이야기해 봅시다.

2) 세상이 교회를 박해하는 이유를 함께 말해 봅시다.

5. 삶으로 엮어 내기(15분: 조별로)

4번에서 선택한 항목을 골라 토론하시오.

(1) '나'의 삶에 적용하고 실천할 수 있는 방안 모색하기

1) 자신이 하나님께로부터 받은 '부르심'과 관련지어, 나의 신앙과 삶에서 부르심의 의미는 무엇입니까?

2) 회심 전후 바울의 열정과 회심 전후 자신의 열정을 비교해 보고, 바뀌어야 할 열정이나 회복해야 할 열정이 있으면 말해 보십시오.

(2) '교회'의 삶에 적용하고 실천할 수 있는 방안 모색하기

1) 지도자들이 지녀야 할 지도력(leadership)의 관점에서 본문에 언급된 바울의 자기 이해와 관련하여 한국 교회에 적용할 수 있는 점을 찾아봅시다.

2) '협력 선교'나 '동역자(同役者)'의 관점에서 하나님의 일꾼들이 한국 교회 교역의 현장에서 바울로부터 본받아야 할 점은 구체적으로 어떤 것들이 있다고 생각하십니까?

(3) '세상'의 삶에 적용하고 실천할 수 있는 방안 모색하기

1) 세상의 '기독교 박해'가 점점 심해질 때, 자신이 구체적으로 할 수 있는 일들은 어떤 것이 있을까요?

2) 세상이 교회를 박해하는 이유와 관련하여 이에 대하여 어떻게 대처해야 하는지 서로 나누어 봅니다.

6. 조별 마무리

1) 참여자들은 인도자에 대한 평가서를 작성하여 인도자에게 줍니다.

2) 그날 조별 활동에 대한 평가와 소감을 나눕니다.

7. 대그룹 마무리(40분: 전체)

1) 해결하지 못한 사항이 있으면 질문하십시오.

2) 조별 공부를 통해서 결정했던 실천사항들을 전체 모임에서 발표합니다.

3) 인도자가 성경공부를 인도한 소감을 간단하게 말합니다.

4) 다음 수업 본문의 예시와 숙제 제시

* 다음 주 수업 주제는 '우리는 이방인에게로, 그들은 할례자에게로' (갈 2:1-10)입니다. 본문 단락과 전후 단락이 어떻게 관련되어 있는지 본문의 전후 맥락을 분석하여 자신이 이해한 바를 A4 용지 1장으로 요약하여 과제물로 제출하십시오.

5) 기도로 마무리합니다.

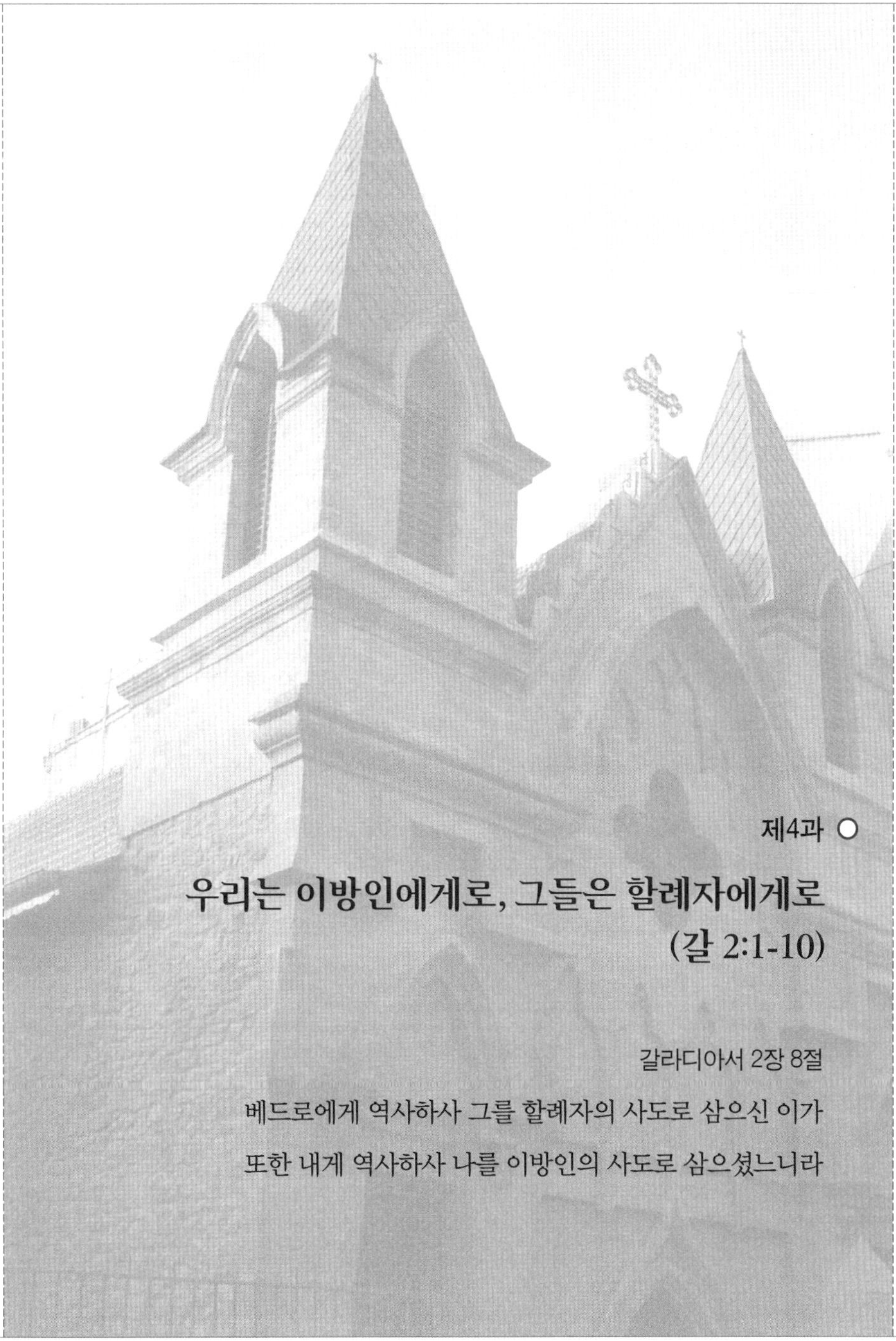

제4과

우리는 이방인에게로, 그들은 할례자에게로 (갈 2:1-10)

갈라디아서 2장 8절

베드로에게 역사하사 그를 할례자의 사도로 삼으신 이가
또한 내게 역사하사 나를 이방인의 사도로 삼으셨느니라

제4과 우리는 이방인에게로, 그들은 할례자에게로 (갈 2:1-10)

♪ '빛의 사자들이여' 1절 함께 찬송하기

(찬송가 502장/ 통 259장)

빛의 사자들이여 어서 가서 어둠을 물리치고

주의 진리 모르는 백성에게 복음의 빛 비춰라

빛의 사자들이여 복음의 빛 비춰라

죄로 어둔 밤 밝게 비춰라 빛의 사자들이여

1. 본문으로 들어가면서(10분: 전체)

배정된 본문의 짜임새와 전후 관계 살피기

(1) 학생의 나눔

* 갈라디아서 2장 1-10절 단락이 갈라디아서 1-2장의 문맥에서 어떤 위치에 있는지, 또 문맥을 고려해 볼 때 어떤 중요성이 있는지 함께 생각해 봅시다.

1:1-10	서두: 발신자, 수신자, 문안 인사, 서신의 기록 목적
1:11-2:14	바울의 자전(自傳)적 진술
1:11-17	바울이 전한 복음의 유래 및 내용과 자신의 사도로 부름 받음
1:18-24	바울의 사도성: 사도회의 참가 전까지 생애 요약
2:1-10	**바울의 사도성: 사도회의 참가**
2:11-14	수리아 안디옥에서 바울과 게바 간의 충돌
2:15-21	구원 명제: 이신칭의
3:1-4:31	율법과 영, 종살이와 양자(養子)됨
5:1-6:10	양자됨의 자유 안에서 성령으로 사는 삶
6:10-18	종결어

(2) 인도자의 설명

* 본문의 짜임새와 전후 관계, 속한 장과의 관련성 등을 간략하게 설명하십시오.

참 . 고 . 자 . 료

1:11-2:14	바울의 자전(自傳)적 진술
1:11-17	바울이 전한 복음

1:18-24	바울의 사도성: 사도회의 참석 전까지 생애 요약
2:1-10	**바울의 사도성: 사도회의 참석**
2:11-14	수리아 안디옥에서 바울과 게바의 충돌

전 단락에 이어 바울은 '복음'의 변증을 위해 필요한 자신의 '사도성'을 변호하기 위해 자전(自傳)적인 진술을 계속한다. 특히, 이 단락에서 바울은 자신이 사도로서 예루살렘에서 열렸던 '사도회의'에 참가하여, '이방인의 사도'(2:8)로 인정받았음을 역설한다. 1장 18절에서 바울은 회심 후에 사도들과 교제하려고 예루살렘에 있는 게바를 방문하여 보름 동안 이곳에 머물렀다. 여기서 '방문하다'(개역에서는 '심방하다', historein)란 '알기 위해 방문하다'는 뜻으로 바울은 사도들과의 교분(交分)을 위해 베드로를 찾아갔던 것이다. 십사 년 후에 바울은 일행인 바나바와 디도와 함께 사도들이 있던 예루살렘을 재(再) 방문하였다(2:1). 바울은 사도들에게 자신이 이방 가운데서 전한 복음 전파 사역(2:2-7)과 함께, 그들로부터 '이방인의 사도'(2:8)로 인정받았음을 갈라디아 성도들에게 말한다. 당시 예루살렘 교회의 지도자들인 주님의 동생 야고보, 그리고 예수님의 수제자 중 순교한 야고보를 제외한 게바와 요한이 바나바와 바울에게 '친교'(koinōnia)의 악수를 하였다(2:9). 그러나 이어지는 다음 단락에 기술된, 바울 일행의 예루살렘 방문에 대한 답방(答訪)으로 생각되는 게바의 안디옥 방문 시 일어났던 '바울과 게바의 충돌 사건'은 선교사들 간에 일어난 단순한 충돌 사건이 아니라 '바울이 전한 복음'의 본질과 관련된 중대 사건이었다(2:11-14).

2. 본문 읽기(10분: 조별로)

(1) 읽기

* 내용을 잘 이해할 수 있도록 반복해서 여러 번 읽습니다.

1) 조에서 각자가 본문을 한 번 천천히 읽습니다.

2) 조장이 읽고 조원들은 눈을 감고 본문을 마음에 그리며 듣습니다.

(2) 그리기

* 한 사람이 성경을 덮고 자기의 이야기로 본문을 이야기해 봅시다. 혹은 각자 눈을 감고 생각하면서 내용을 정리해 봅시다.

3. 본문 이해하기(40분: 조별로)

(1) 문단 나누기

1) 핵심 낱말을 중심으로 본문을 소 단락으로 나누어 봅시다.

🔑 이 단락에 나타나는 핵심 낱말로는, 바울 일행의 예루살렘 방문의 일차적인 동인(動因)인 하나님의 '계시'(2절), 이방 가운데 전파되는 '복음'(2절), 일부 유대적 기독교인들이 주장하는바 하나님의 백성이 되려면 이방인이라도 모세의 율법 준수와 함께 받아야 한다는 '할례'(3절), 그리스도 예수 안에서 가진 '자유'(4절), '복음의 진리'(5절), '할례자의 사도, 베드로'(7절), '이방인의 사도, 바울'(8절), '은혜'(9절), '친교의 악수'(9절), '이방인'(9절), '가난한 자'(10절) 등을 들 수 있다. 이들 핵심어를 따라 소 단락을 나누어 보면, 아래의 2)와 같다.

2) 각자가 나눈 소 단락에 제목을 붙여 봅시다.

2:1-10	**바울의 사도성: 예루살렘 사도회의의 선교적 의의**
2:1	바울 일행(바나바와 디도 포함)의 예루살렘 방문
2:2	바울의 예루살렘 방문 목적
2:3-6	할례와 무관한 복음의 진리
2:7	할례자의 사도 베드로
2:8	이방인의 사도 바울
2:9	예루살렘 교회 지도자들(야고보, 게바, 요한)과 바울 일행의 친교
2:10	예루살렘 교회의 가난한 자를 위한 모금 합의

🔑 바울이 참석한 예루살렘 사도회의의 선교적 의의를 담고 있는 2장 1-10절 단락은 순수한 복음 진리의 정체, 진리의 복음을 전하는 바울의 사도성, 복음 전파에서 협력 선교의 중요성, 사도들 가운데서 선교 업무 분장을 다루고 있다. 유대인이든 이

방인이든, 만민을 위한 선교에서 '복음의 진리' 는 다를 수 없으며, 변함없는 복음 진리의 전파를 위해서는 '협력 선교' 가 필요하였다.

(2) 소 단락을 읽고 이해하기

1) 본문 단락(1-10절)은 바울 일행의 예루살렘 '사도회의' 참가에 대한 바울 자신의 보고입니다. 본문 전후의 맥락을 고려해 볼 때, 이를 언급하는 바울의 의도가 무엇이라고 생각하십니까?

바울은 '예루살렘 사도회의' 에 참가함으로써 자신의 일행이 전하는 복음의 정당함을 알리고, 이 복음의 진리를 전하는 자신의 사도성을 인정받고자 하였다. 일부 유대주의적 기독교인이 주장하는 것처럼 기독교인도 율법을 준수해야 하고 할례를 받아야 한다는 주장은 바울이 전하는 '복음의 진리' 라는 관점에서 결코 정당하지 않았다. 바울에 의하면, 이는 절대로 타협하거나 양보할 수 없는 진리였다.

2) 1절에 의하면, 바울은 회심 후 몇 년이 지나 예루살렘을 방문하였습니까? 그 기간 동안 바울이 지냈던 삶을 상상해 봅시다.

바울은 회심 후 십사 년(만 13년) 후에 예루살렘을 방문하였다. 그 전에 바울은 고향인 길리기아 지방의 다소에 머물렀는데, 사도행전 11장 25-26절에 의하면, 다소에 있던 그는 바나바에 의해 수리아의 안디옥으로 가서 그곳의 교회에서 바나바와 함께 무리들을 일 년 동안 가르쳤다. 바울은 자신이 다소에 머물렀던 기간 중 아마도 복음 전파를 위한 준비를 하였을 것이다. 이 기간은 바울이 기독교 신학과 목회관을 형성하기에 충분한 시간이었을 것으로 추정된다.

3) 바울 일행이 예루살렘 '사도회의' 에 왜 참가하였다고 생각하십니까? (2, 4, 8-9절)

바울의 일행이 예루살렘 사도회의에 참가한 것은 임의로 행한 것이 아니라 하나님의 '계시를 따라' 행한 것이다(2절). 바울은, 자신이 경험한 선교 활동에 의하면, 예수 그리스도를 믿음과 함께 할례도 받아야 구원받음을 전하는, 일부 유대주의적 기독교인인 '거짓 형제들' 이 가만히 교회 안에 들어왔기 때문에, 예루살렘 사도회의에 참여하여 이 '복음의 진리' 문제를 확실하게 매듭짓고자 했다(4절). 그리고 자신의 이방인들 가운데서 전하는 복음 활동의 정당성을 인정받고, 그와 함께 정당한 복음을 전하는 사신의 사도성도 확실하게 공인받고자 하였던 것이다(8-9절). 그는 베드로를 '할례자의 사도' 로 삼으신 하나님께서 자신을 '이방인의 사도' 로 삼으셨다는 것을 확신한다(8절). 그래서 바울은 예루살렘의 '기둥' 같은 지도자들과 친교의 악수를 하고자 하였다(9절). 이를 위해 바울은 일행과 함께 예루살렘 '사도회의' 에 참가하려 하였던 것이다.

4) 1장에 언급된 '다른 복음' (6, 7, 8, 9절)과 2장 2절에 묘사된 "내가 이방 가운데서 전파하는 복음"의 차이점을 '복음의 진리' (2:5)라는 관점에서 말해 봅시다.

1장에 언급된 '다른 복음' 은 '그리스도의 복음' 을 교란하며 변질시키는 복음이며(1:7), 하나님이 아니라 사람을 좋게 하는 것이고(1:10), 교회 가운데 가만히 들어온 '거짓 형제들' 이 퍼뜨리는 '할례' 를 강요하는 유대주의적 가르침이다(2:4). 이 '다른 복음' 은 예수 그리스도를 믿음으로 의롭다 여김을 받음으로써 누리는 '그리스도 예수 안에서 가진 자유' 를 빼앗으려 하고, 복음적 그리스도인을 그 종으로 삼으려 한다(2:4). 이는 '율법과 복음' 의 관계를 깊이 있게 다루는 3-4장과 5-6장에서 자세하게 해명된다. 바울이 전한 복음의 진리는 '오직 예수 그리스도만을 믿음으로써 의롭다 여김을 받는 기독론적 이신칭의' 의 가르침이다. 이에서 벗어나는 것은 '다른 복음' 이며, 그것은 진리가 아니다.

용 . 어 . 해 . 설

'복음' (euangelion)

'복음' 이란 용어는 신구약성경과 주변세계에서 다음과 같이 다양한 의미로 사용되었다.

① 구약에서는 구원을 주는 '좋은 소식' (사 52:7-10; 40:9-11)

② 로마 제국의 황제숭배 사상에서는 황제의 탄생, 즉위, 승전(勝戰) 등, 황제가 제국 안에 사는 백성을 외침으로부터 보호하고 지키는 '기쁜 소식'

③ 신약에서는 십자가에 달리신 예수의 죽으심과 부활과 관련된 구원의 기쁜 소식(고전 15:1-5; 롬 1:1-4; 행 2:26)

④ 바울의 경우 '복음 전파' 의 뜻으로 사용되기도 함(빌 1:12)

⑤ 1세기 후반의 기독교계에서는 구원을 위해 전하고 가르치고 행하신 예수의 공생애 활동

⑥ 1세기 말에는 문학적 양식(genre)인 '복음서' 의 의미로도 사용(막 1:1)

5) 본문 단락에서 '협력선교' 에 대한 바울 자신의 이해와 노력을 찾아보고, 이에 대하여 말해 봅시다. (1, 7-9절)

바울은 선교할 때 결코 홀로 하지 않았다. 선교는 혼자 행하는 독자적인 개인의 신앙 행위가 아니라, 신앙공동체가 함께 하는 것이다. 그것은 신약성경이 일차적으로 개인이 아니라 신앙공동체를 위해 주어진 책이라는 점과 일맥상통한다. 바울은 예

루살렘 '사도회의'에 참여할 때 혼자가 아니라 바나바와 디도와 함께 참여하였다(1절). 그리고 바울은 하나님께서 베드로를 유대인에게 복음을 전하는 '할례자의 사도'로 삼으시고, 자신을 할례 받지 않은 '이방인의 사도'로 삼으셨다고 언급함으로써 예루살렘 교회와 안디옥 교회 간의 협력 선교를 강조한다(7-9절).

6) "기둥같이 여기는 야고보와 게바와 요한"(9절)에서 예루살렘 원(原) 교회의 모습을 말해 보고, "친교의 악수"(9절)에서 예루살렘 '사도회의'의 회의 결과는 무엇이었다고 생각하십니까? 또는 이는 무엇을 의미합니까? (9절)

9절에 묘사된 "기둥같이 여기는 야고보와 게바와 요한"에서 기독교 최초의 예루살렘 원(原) 교회의 핵심적 역할을 한 사도들을 알 수 있다. 여기서 '기둥'(stylos)이란 지도자를 의미하는데, 주님의 형제 야고보(1:19)가 가장 먼저 언급되는 것을 보아 그는 예루살렘 교회의 수장(首長) 역할을 한 것 같으며, 그 뒤로 예수님의 열두 제자 중 소위 '수(首)제자'에 속하는 게바와 요한이 언급되었다. 고대교회의 교회사가 유세비우스(P. Eusebius)의 『교회사』에 의하면, 고대교회가 공동서신의 순서를 정할 때, 이 구절에 근거하여 야고보서, 베드로서, 요한서신의 순(順)으로 배열했다. '친교의 악수'는 예루살렘 교회가 바울과 바나바의 사도성을 인정하고, 예루살렘 교회와 안디옥 교회 간의 협력선교를 보여 주는 상징적인 행위이다. 예루살렘 '사도회의'의 회의 결과, 바울은 '이방인의 사도'로 인정을 받았고, 예루살렘의 사도들과 교제를 할 수 있게 되었다(9절).

용.어.해.설

'친교' (koinōnia)

신약성경에서 '코이노니아' 용어는 다음과 같은 다양한 의미로 사용되었다.

① '사귐' 이나 '교제' (고전 1:9; 빌 2:1)

② '관대함', '우정', '이타주의' (고후 9:13)

③ 사귐의 표나 하나 된 형제우애의 증거로서 '선물' 이나 '의연금 내지는 기부금' (롬 15:26)

④ '참여', '나눔' (고후 8:4; 13:13)

(Walter Bauer. *Griechisch-Deutsches Wörterbuch zu den Schriften des Neuen Testaments und der übrigen urchristlichen Literatur.* Berlin: W de G, [6]1988 참조)

7) 예루살렘 교회가 바울 일행에게 부탁한 '가난한 자들을 기억하는 것' 을 예수께서 전하신 하나님 나라 선포 활동에 미루어 볼 때, 초기 그리스도인들이 행한 선교의 특징은 어떠하였을까요? (10절)

9절에 언급한 것 외 예루살렘 '사도회의' 회의의 다른 결과는 바울 일행이 예루살렘 교회 안에 있는 가난한 자들을 위하여 기억하는 것, 곧 모금에 참여하는 것을 약속하였다는 점이다(10절). 이는 바울이 본래부터 힘써 행하던 것이지, 결코 바울의 사도성 인정에 대한 대가(代價)가 아니었다. 예수께서 세상에 오신 이유는 하나님 나라를 전하기 위해서였다. 그리고 예수님은 하나님 나라를 말씀으로 전하실 뿐 아니라 행함으로도 전하셨다. 그분은 가난한 자들에게 영적으로 구원을 전할 뿐 아니라, 가난한 자들의 육적인 현실적 요구도 들어주셨다. 그래서 사도행전에 언급된 초기의 교회 역시 하나님 나라와 주 예수 그리스도를 전할 때 말씀으로뿐 아니라 행함으로 전했고, 그때 특히 가난한 자에 대한 구제함도 함께 따랐다.

(3) 본문과 관련된 다른 성경구절 살펴보기

📖 '그리스도인의 자유'에 대하여 말하는 갈라디아서 3-4장과 5장을 읽고, '다른 복음', 곧 바울 일행이 가진 그리스도 예수 안에 있는 자유를 엿보고 그들을 종으로 삼고자 한 거짓 형제들의 메시지(갈 2:4)가 3-5장과 어떻게 관련되어 있는지 말해 봅시다.

🔑 갈라디아서 3-4장은 구원의 메시지, 곧 '복음의 진리'와 관련하여 '하나님의 은혜의 복음'이 무엇인지 그 정체를 밝히고, 율법의 기능, 율법과 약속의 관계를 '하갈과 사라의 비유'를 통해 해명한다. 그리고 5-6장은 '그리스도 예수 안에 있는 자유'의 의미와 특성을 구체적으로 밝힌다. '복음의 믿음'은 결코 '율법의 행함'을 배제하지 않는다. 행함이 배제되어 있는 것이 아니라 오히려 믿음에 내포되어 있으며 믿음은 행함을 요구한다. 율법의 행함은 구원의 조건에서 배제될 뿐이지, 기독인의 삶에서 배제되는 것은 아니다. 당연히 행함은 믿음 외에 구원을 얻게 하는 두 번째 조건이나 요인이 아니다. 그러나 행함은 믿음으로 구원 받은 백성이 이 땅에 사는 동안 성령 안에서 맺어야 하는 '열매'이다. '그리스도 예수 안에 있는 자유'는 율법의 종 됨에서 벗어나는 것이지만, 종 됨의 진공상태를 의미하는 것이 아니라 '성령 안에서 그리스도의 종 됨'으로 인도한다.

📖 바울이 그리스도인의 삶을 '성령 안에서 사는 삶'으로 묘사하는 로마서 8장 1-17절 단락을 읽고, 본문 단락과 관련지어 그 의미를 살펴봅시다.

🔑 바울은 로마서 5-8장에서 그리스도인에게 일어난 '이신칭의'의 결과를 논증한다.

곧 5장은 '사망 권세로부터의 자유'를, 6장은 '죄로부터의 자유'를, 7장은 '율법 권세로부터의 자유'를, 그리고 8장은 '성령 안에서의 자유'를 다룬다. 8장 서두에서 바울은 그리스도인은 성령의 법으로 말미암아 죄와 사망의 법에서 벗어났다고 역설한다. 그에 의하면, 성령은 '하나님의 영'으로 그의 자녀가 되게 하는 '양자(養子)의 영'으로 '성령 안에서 사는 삶'을 가능하게 한다. 동일한 주제를 바울은 갈라디아 5-6장에서는 '성령으로 열매 맺는 삶'으로 다룬다.

📖 '사도회의'에 대하여 바울이 기록한 본문 단락과 누가가 기록한 사도행전 15장 1-29절을 비교하고, 그 강조점을 말해 봅시다.

🔑 신약성경에서 예루살렘 '사도회의'에 대한 기술은 두 가지이다. 하나는 바울의 선교 동행인(同行人) 누가에 의한 기록(행 15:1-29)이고, 다른 하나는 바울 자신의 자전(自傳)적 기술(갈 2:1-10)이다. 이 두 기록의 차이점은 그 기술 내용 자체에 있는 것이 아니라, 신학적 강조점에 있다. 다시 말하면, 갈라디아서의 기술은 주후 50년대 선교 상황에서 바울이 전하는 '복음의 정체성', 복음을 전하는 바울의 '사도성'과 관련되어 있으며, 사도행전의 묘사는 1세기 말 누가의 관점에서 바울의 경우보다 훨씬 더 예루살렘 교회와 안디옥 교회 간의 '협력 선교'에 역점을 두고 있다. 바울은 1세기 중엽 복음과 사도성에 대한 '변호론'적인 관점에서 예루살렘 사도회의를 기술하였고, 누가는 1세기 말엽 교회의 중심이 예루살렘에서 안디옥으로 옮겨간 후 활발하게 진행되는 이방 선교에 부합되게 '협력 선교'의 관점에서 예루살렘 사도회의를 기술하였다.

(4) 본문을 재구성하기

* 방금 위에서 살펴본 본문과 관련된 구절들과 갈라디아서 2장 1-10절 단락을 관련지어서 바울이 전하였던 복음의 선포 내용을 하나의 이야기로 만들어 봅시다. 또 나는 다른 사람에게 '진리의 복음'을 전할 때 어떻게 말할 수 있을지 표현해 봅시다.

4. 본문으로 나, 교회, 세상 읽기(20분: 조별로)

✚ 아래의 제목 중 한 가지를 택하여 서로의 생각을 나누십시오.

(1) 본문으로 나 읽기

1) 내가 전해 받은 '복음'을 본문에 언급된 '복음의 진리'와 관련하여 이야기해 봅시다.

2) '협력선교' 의 관점에서 나의 복음 전도 활동에 대해 말해 봅시다.

(2) 본문으로 교회 읽기

1) 본문에 언급된 '복음의 진리' 와 관련하여 한국 교회 복음 이해와 전파 활동의 방향에 대해 말해 봅시다.

2) '협력선교' 의 관점에서 바람직한 한국 교회의 선교 활동에 대해 말해 봅시다.

(3) 본문으로 세상 읽기

1) 본문에 언급된 '복음의 진리'의 관점에서 기독인들이 세상에 대해 어떤 자세로 살아야 할지 이야기해 봅시다.

2) 때때로 일어나는 기독교 선교에 대한 세상의 비판에 대하여 그리스도인은 어떤 자세와 태도를 가져야 할까요? '협력선교'의 관점에서 말해 봅시다.

5. 삶으로 엮어 내기(15분: 조별로)

4번에서 선택한 항목을 골라 토론하시오.

(1) '나'의 삶에 적용하고 실천할 수 있는 방안 모색하기

1) 본문에 언급된 '복음의 진리'를 고려해 볼 때, 나의 '복음' 이해에서 내가 중요하게 여겨야 할 점은 어떤 것이 있나요?

2) '협력선교'의 관점에서 나의 복음 선교 활동에 대해 말해 봅시다.

⑵ '교회'의 삶에 적용하고 실천할 수 있는 방안 모색하기

1) 본문에 언급된 '복음의 진리'라는 관점에서 한국 교회 복음 이해와 복음 전파 활동에 옮길 수 있는 구체적인 적용점에 대해 말해 봅시다.

2) 사도회의에서 볼 수 있는 '협력선교'의 관점에서 한국 교회의 협력선교를 위한 구체적인 실천방안으로 어떤 것들이 있다고 생각하십니까?

⑶ '세상'의 삶에 적용하고 실천할 수 있는 방안 모색하기

1) '복음의 진리'가 세상에 줄 수 있는 유익한 점은 구체적으로 어떤 것이 있다고 생각합니까?

2) '협력선교'의 관점에서 세상의 기독교 선교 비판에 대한 구체적인 대응책은 어떤 것이 있을까요?

6. 조별 마무리

1) 참여자들은 인도자에 대한 평가서를 작성하여 인도자에게 줍니다.

2) 오늘 조별 활동에 대한 평가와 소감을 나눕니다.

7. 대그룹 마무리(40분: 전체)

1) 해결하지 못한 사항이 있으면 질문하십시오.

2) 조별 공부를 통해서 결정했던 실천사항들을 전체 모임에서 발표합니다.

3) 인도자가 성경공부를 인도한 소감을 간단하게 말합니다.

4) 다음 수업 본문의 예시(豫示)와 숙제 제시

* 다음 주 수업 주제는 '내 안에 사신 그리스도'(갈 2:11-21)입니다. 본문 단락과 전후 단락이 어떻게 관련되어 있는지 본문의 전후 맥락을 분석하여 자신이 이해한 바를 A4 용지 1장으로 요약하여 과제물로 제출하십시오.

5) 기도로 마무리합니다.

제5과

내 안에 사신 그리스도 (갈 2:11-21)

갈라디아서 2장 20절

내가 그리스도와 함께 십자가에 못 박혔나니 그런즉 이제는
내가 산 것이 아니요 오직 내 안에 그리스도께서 사시는 것이라
이제 내가 육체 가운데 사는 것은 나를 사랑하사나를 위하여
자기 자신을 버리신 하나님의 아들을 믿는 믿음 안에서 사는 것이라

제5과 내 안에 사신 그리스도 (갈 2:11-21)

♪ **'내 구주 예수를 더욱 사랑' 1-2절 함께 찬송하기**

(찬송가 314장/ 통 511장)

1. 내 구주 예수를 더욱 사랑 엎드려 비는 말 들으소서
   내 진정 소원이 내 구주 예수를 더욱 사랑 더욱 사랑

2. 이전엔 세상 낙 기뻤어도 지금 내 기쁨은 오직 예수
   다만 내 비는 말 내 구주 예수를 더욱 사랑 더욱 사랑

1. 본문으로 들어가면서(10분: 전체)

배정된 분문의 짜임새와 전후 관계 살피기

(1) 학생의 나눔

* 갈라디아서 2장 11-21절을 중심으로 전후 단락(2:1-10; 3:1-14)의 내용이 본문과 어떻게 연결되고 있는가를 살펴 오고, 그 내용을 조에서 나누어 봅시다.

(2) 인도자의 설명

* 본문의 짜임새와 전후 관계, 속한 장과의 관련성 등을 간략하게 설명하십시오.

참 . 고 . 자 . 료

바울 사도는 다른 복음을 전하는 사람들의 주장이 근본적으로 잘못되었다는 것을 밝히기 위하여 예루살렘 회의와 그 결정 사항을 2장 1-10절 단락에 소개하였다. 다른 복음을 전하면서 바울이 전하는 진정한 복음을 반대하는 자들은 바울이 전한 복음만을 반대하는 것이 아니라, 초대교회가 결정한 복음을 반대함으로, 결국은 기독교 전체가 주장하는 참된 복음을 부정하는 것이란 사실을 강력하게 증명하였다. 그리고 2장 11-21절 단락에서는 초대교회 전체가 결정한 진리를 부정하는 듯한 베드로의 태도를 책망했던 사실을 소개함으로, 이 진리를 부정하는 누구도 정당화될 수 없다는 사실을 확인한다. '오직 믿음으로 구원 얻는다' 는 사실을 부정하는 것은 곧 하나님의 은혜를 헛되게 만드는 죄를 범하는 것이다. 3장 1-14절 단락에서는 '아브라함도 믿음으로 의롭다 함을 받았다' 는 사실을 강조한다. 거짓 복음을 주장하는 자들은 유대교적 신앙으로 돌아가는 자들이기 때문에 유대인의 조상 아브라함도 믿음으로 의롭다 함을 받은 사람이란 사실을 보여 줌으로써 '믿음으로만 의롭게 된다' 는 진리를 굳게 지켜 나갈 것을 갈라디아 교인들에게 강권한다.

2. 본문 읽기(10분: 조별로)

(1) 읽기

* 다양한 방법으로 본문을 반복하여 여러 번 읽습니다.

1) 조에서 각자가 본문을 한 번 천천히 읽도록 합시다.

2) 조장이 읽고 조원들은 눈을 감고 마음에 그리며 듣도록 합시다.

(2) 그리기

* 읽고 들으면서 새롭게 느낀 점이나 감동되는 내용을 적어 봅시다. 그리고 서로 바꾸어 읽어 봅시다.

3. 본문 이해하기(40분: 조별로)

(1) 문단 나누기

1) 본문을 소 단락으로 나누어 보고, 제목을 붙여 봅시다.

2) 소 단락의 내용을 간략하게 이야기해 봅시다.

(2) 소 단락을 읽고 이해하기

1) 안디옥에서 무슨 일이 일어난 것인지, 그 사건의 내용을 간략히 나누어 봅시다.

베드로가 안디옥에 와서 바울과 함께 지나던 때였다. 그 즈음에 야고보에게서 어떤 이들이 안디옥에 왔는데, 베드로가 이방인과 함께 음식을 먹다가 그들(할례자들)을 보고, 두려워하여 식사 자리를 피하였다. 다른 유대인들과 바나바도 베드로를 따라 자리를 피했다. 바울은 베드로를 외식하는 자라고 책망하였는데, 그 이유는 그가 예수 그리스도를 믿음으로 구원받는다는 사실을 알고도 율법을 행하므로 의롭다 함을 받는 것으로 사람들로 하여금 오해하게 했기 때문이다.

2) 게바가 함께 음식을 먹었던 '이방인' 은 어떤 사람들이며, '할례자들' 은 누구를 가리킵니까? (12절) ('함께 먹고 있었다' 는 말은 반복적이고 습관적으로 먹어 왔다는 뜻)

할례자들은 누구일까? 바울은 1장 12절의 할례자들과 13절의 유대인을 구분하여 말한다. 이렇게 보면, 할례자들은 순수한 유대인은 아니다. 우리는 일반적으로 '할례자' 란 유대인을 가리키는 용어로 이해하고 있다. 그러나 요셉 슐람(히브리대 철학박사, 예루살렘 정통 유대인 랍비 대학 졸업, 현 예루살렘 내키비야 교회 담임 목사)은 다른 의견을 제시한다. 『이스라엘 문화와 성서읽기』 중, "유대인의 구원과 기독교-갈라디아서를 중심으로" 란 부분에서 그가 주장하기를, 어려서 할례를 받은 유대인들은 자기들을 할례자들이라고 말하지 않는다고 한다. 오직 이방인으로 유대교로 개종한 사람들이 하는 말이라고 한다. 이렇게 보면, 여기서 말하는 '할례자들' 은 유대교로 개종했다가 기독교인이 된 사람들을 말한다. 바울 서신에서 할례자들은 대부분 개종 유대교인으로 기독교인이 된 사람들이라고 한다. 그렇다면, 게바가 함께 음식을 먹었던 '이방인' 은 할례자들은 아닐 것이고, 순수한 이방인을 가리킨다고 보아야 한다.

3) 바울은 게바의 행동을 뭐라고 책망했습니까? 그 의미가 무엇인가를 말해 보십시오.

갈라디아 본문에 의하면, 게바가 안디옥에 왔을 때는 예루살렘 회의 후였다. 그렇다면, 그는 예루살렘 회의 결과를 잘 알고 있었을 것이다. 예루살렘 회의에서 결정된 핵심 내용은 유대인과 이방인의 구분이 없이, 곧 할례 없이 예수님을 믿을 수 있도록 한 점이다. 그런데 게바는 야고보에게서 온 사람들을 보자, 이방인들과 함께 먹던 자리를 피했다. 이것은 오직 믿음으로 구원을 받는다는 진리와 유대인과 이방인의 구별이 없다고 결정한 내용을 행동으로써 부정한 것이다. 그의 이런 행동은 다시 유대주의적 할례를 인정하는 듯하기에, 오직 믿음이 아니라, 행위로 의(義)에 이른다는 잘못된 교리를 지지해 주는 것이 된다.

4) 17절의 내용을 자세히 읽고, 그 의미를 나누어 봅시다.

예수 그리스도의 십자가를 통하여 '이신칭의' 신앙이 완성되었다. 그런데 만일 유대주의적 행위로 돌아간다면, 예수님의 십자가로 이뤄진 '이신칭의' 신앙이 완전하지 못하다는 말이 된다. 그래서 바울은 말한다. 예수 그리스도를 믿음으로 의롭게 되려고 하다가 죄인으로 드러난다면, 그리스도께서 죄를 짓게 하는 것이란 뜻인데, 그럴 수 있다고 한다. 결코 그리스도가 잘못될 수 없다는 것이다. 그러므로 예수 그리스도의 십자가와 부활을 믿는 것 외에 어떤 것도 믿음의 도리에 첨가해서는 안 된다는 주장이 바울의 입장이다.

5) 바울이 베드로를 책망한 사건이 이 사건이 왜 그처럼 충격적인 사건이었을까요?

지금 갈라디아 교회는 다른 복음을 전하는 자들이 들어와서 신자들을 유혹하는 일로 인하여 교회가 어려움을 당하고 있다는 것을 기억하고 본문을 읽어야 한다. 그런데 베드로의 행동이 이들에게 이용된다면 교회는 큰 타격을 입지 않을 수 없게 된다. 바울이 베드로의 행동을 책망한 것을 밝힘으로써, 만약 베드로라도 '이신칭의' 신앙이 아닌 할례나 다른 유대적인 요소가 구원에 필요한 것이라고 주장한다면, 이는 저주를 받아야 한다고 말하고 있는 것이다. 그만큼 베드로의 행동은 그 당시 그리스도인들에게는 위험하고도 예민한 것이었다.

6) 왜 율법으로 돌아가는 것이 그리스도의 십자가의 죽음을 헛되게 하는 것일까요?

4)번의 내용을 반복하는 느낌이 들지만, 다시 한 번 정리하기 위하여 이 문제를 다

시 다룬다. 십자가의 복음에 다른 구원의 요소를 첨가해야 한다면, 그것은 예수 그리스도의 십자가는 구원을 완전하게 이루지 못했다는 이론이 성립된다. 그것은 예수그리스도의 십자가 죽음을 헛되게 하는 것이지 않는가? 현대 교회가 순수한 복음 외에 다른 것들을 행함으로써 구원을 받는다고 혹 주장한다면, 이는 십자가의 죽음을 모독하는 행위가 됨을 기억해야 한다.

7) 왜 사도 바울은 자신이 십자가와 함께 못 박힌 것을 강조하고, 그 안에 그리스도가 산다는 것을 강조하는 것일까요? 그 의미를 나누어 봅시다.

바울 사도의 신앙의 중심은 오직 '십자가'와 '부활'이다. 그래서 바울은 늘 십자가를 중심으로 자신을 바라본다. 그렇게 보면, 자기는 이미 십자가에 못 박혀 죽은 사람이기 때문에 십자가 앞에 자신은 이미 존재하지 않는다. 그리고 자기 안에는 오직 자기를 위하여 죽으시고, 살아나신 예수님만 존재한다고 한다. 이는 십자가의 복음을 믿는다는 것이 단순히 십자가와 부활에 대한 진리를 받아들이는 것만이 아니라, 믿음으로써 예수님이 믿는 자신 안에 살아 계시고, 믿는 자는 이후부터 그리스도와 함께 삶을 살아가야 한다는 것을 의미한다. 바울은 믿음과 삶의 연결을 강조한다. 바울은 다메섹에서 그리스도를 만나면서 철저하게 이 사실을 경험적으로 알게 되었을 것이다. 그리스도 안에 삶이 없는 믿음은 반쪽 믿음이라고 주장한다. 삶과 신앙을 분리해서 살아가는 풍조, 오직 믿기만 하면 구원받는다(삶을 배제하고도)는 주장은 배격되어야 한다.

(3) 본문과 관련된 다른 성경구절 살펴보기

📖 사도행전 15장 12-31절의 내용을 본문과 관련지어 생각해 보십시오.

베드로는 예루살렘 회의에서 이방인도 오직 믿음으로 구원받는다는 사실을, 성령께서 자기에게 보여 준 경험을 통하여 강력하게 주장했던 사람이다. 예루살렘 회의의 결정은 베드로의 영향이 가장 크게 미쳤다고 해도 과언이 아니다. 그런 그가 막상 교회의 결정 사항을 실행하는 데 있어서는 이중적 태도를 보인 것이다. 이것은 교회의 결정 사항을 어긴 것만이 아니라, 성령을 거역한 것이다. 왜냐하면 베드로 자신에게 오직 믿음으로 구원받는다는 사실을 체험적으로 알게 해 주신 분이 성령이시기 때문이다. 우리는 사람들의 반대나 체면 때문에 성경의 원리를 왜곡할 때가 있다. 이것은 사람들의 체면 때문에 하나님의 권위를 무참히 짓밟는 행위와 같은 것이다.

📖 출애굽기 12장 21-25절의 내용을 본문과 관련지어 생각해 보십시오.

이스라엘 백성들이 애굽으로부터 해방을 받은 것은 오직 은혜로 된 것이지, 그들의 행위나 노력으로 된 것이 아니지 않은가? 하나님께서 이스라엘 백성들에게 "양이나 염소의 피를 문설주에 뿌리면 여호와께서 그 문을 넘으시고 멸하는 자에게 너희 집에 들어가서 너희를 치지 못하게 하실 것이라"(출 12:21-23)고 약속하셨고, 그 약속을 믿고 지킨 자들은 모두 살았다(구원을 받았다). 이런 점에서 출애굽 사건과 십자가 사건은 공통점을 가진다. 오직 믿음으로써 구원받은 것이지, 구원에 인간의 어떤 행동도 개입될 수 없다.

(4) 본문을 재구성하기

＊ 본문의 내용을 자신의 말로 간단하게 기록해 봅시다.

4. 본문으로 세상 읽기(20분: 조별로)

아래의 제목 중 한 가지를 택하여 서로의 생각을 나누십시오.

(1) 본문으로 나 읽기

1) 자신은 오직 믿음으로만 의롭게 된다는 사실을 믿고 있습니까? 그렇다면 '믿음'과 '행위'를 어떻게 조화시켜야 할까요?

우리의 신앙에 대한 이해를 점검해 보자. 혹 믿음으로만(행위를 배제한) 구원을 얻을 수 있다고 생각하는 것은 아닌가? '믿음으로 구원 받는다'는 말은 믿음을 통하여 그리스도와 연결되고, 그 후부터 그리스도와 함께 살아가는 것이란 사실을 의미한다. 이 점을 좀 더 명확하게 나누고 그리스도와 함께 어떻게 살 것인가를 나누도록 하면 좋을 것이다.

2) 자신 안에 그리스도가 주인으로 살고 있습니까? 주님을 주인으로 모시고 어떻게 살고 있는지, 자신의 삶을 나누어 보십시다.

예수님을 믿는데, 자신에게 그리스도는 없는 사람들이 있을 수 있다. 바울의 고백대로 믿음은 예수님을 주인으로 모시고 사는 것이다. 어떻게 주님을 주인으로 모시고 살 것인지를 실제적이고, 구체적으로 나누면 좋을 것이다.

(2) 본문으로 교회 읽기

1) 본문을 공부하면서 한국 교회가 어떤 자리에 서 있다고 생각하는지를 나누어 봅시다.

2) 우리 교회 안에서 예수님은 어떤 위치에 있다고 생각하십니까? 왜 그렇게 되었을까요?

(3) 본문으로 세상 읽기

1) 오늘 우리 현실에서 교회와 세상과의 관계는 어떻게 유지되고 있는가를 나누어 봅시다.

2) 세상 사람들이 교회를 비판하는 진정한 이유는 무엇이라고 생각하십니까? 자신의 의견을 나누어 봅시다.

5. 삶으로 엮어 내기(15분: 조별로)

4번에서 선택한 항목을 골라 토론하시오.

⑴ '나'의 삶에 적용하고 실천할 수 있는 방안 모색하기

1) 믿음과 행위를 조화시키기 위하여 어떤 노력을 해야 한다고 생각하십니까? 앞으로 구체적인 실천방안을 나누고 실천에 옮기도록 합시다.

⑵ '교회'의 삶에 적용하고 실천할 수 있는 방안 모색하기

1) 교회가 세상을 향하여 분명한 소리를 내야 하고, 분명한 자세로 살아가야 한다면 교회는 어떤 면에서 새롭게 되어야 할까요? 그 방안을 나누고 실천에 옮기도록 합시다.

(3) '세상'의 삶에 적용하고 실천할 수 있는 방안 모색하기

1) 세상을 변화시키는 교회가 되기 위해서 오늘의 교회 이미지를 바꿔야 한다면 어떻게 바꿔야 하나요? 구체적인 대안을 말해 봅시다. 또 실천사항을 정하고 실천합시다.

6. 조별 마무리

1) 참여자들은 인도자에 대한 평가서를 작성하여 인도자에게 줍니다.

2) 오늘 조별 활동에 대한 평가와 소감을 나눕니다.

7. 대그룹 마무리(40분: 전체)

1) 해결하지 못한 사항이 있으면 질문하십시오.

2) 조별 공부를 통해서 결정했던 실천사항들을 전체 모임에서 발표합니다.

3) 인도자가 성경공부를 인도한 소감을 간단하게 말합니다.

4) 다음 수업 본문의 예시와 숙제 제시

* 다음 주 수업은 '믿음으로 살리라' (갈 3:1-14)입니다. 본문의 전후 맥락인 갈라디아서 2장 11절-3장 29절을 읽고, 2장 11-21절과 3장 15-29절의 내용이 3장 1-14절과 어떻게 관련되어 있는가를 살펴보고, A4 용지 1장으로 요약하여 과제물로 제출해 주십시오.

5) 기도로 마무리합니다.

제6과 ○

믿음으로 살리라 (갈 3:1-14)

갈라디아서 3장 11절

또 하나님 앞에서 아무도 율법으로 말미암아

의롭게 되지 못할 것이 분명하니

이는 의인은 믿음으로 살리라 하였음이라

제6과 믿음으로 살리라 (갈 3:1-14)

♪ **'어려운 일 당할 때' 1-2절 함께 찬송하기**
(찬송가 543장/ 통 342장)

1. 어려운 일 당할 때 나의 믿음 적으나 의지하는 내 주를 더욱 의지합니다

2. 성령께서 내 맘에 밝히 비춰 주시네 인도하심 따라서 주만 의지합니다

후렴) 세월 지나 갈수록 의지할 것뿐일세 아무 일을 만나도 예수 의지합니다

1. 본문으로 들어가면서(10분: 전체)

배정된 본문의 짜임새와 전후 관계 살피기

(1) 학생의 나눔

* 갈라디아서 3장 1-14절을 중심으로 전후 단락(2:11-21; 3:15-29)의 내용이 본문과 어떻게 관련되어 있는지를 살펴보고, 그 내용을 조에서 나누어 봅시다.

(2) 인도자의 설명

* 본문의 짜임새와 전후 관계, 속한 장과의 관련성 등을 간략하게 설명하십시오.

참.고.자.료

2장 11-21절 단락에서는 베드로가 안디옥에서 이방인들과 음식을 먹다가 할례자들이 오자 그 자리를 피한 것을 바울이 책망한 사건을 소개한다. 바울이 베드로를 책망한 것은 이방인에 대한 그의 태도가 흔들렸기 때문이다. 바울의 확신은, 예루살렘 회의에서 내린 결정은 유대인과 이방인의 차별을 없앤 것인데(엡 2:14-18), 베드로의 행동은 교회가 파기(破棄)했던 내용을 다시 세우는 일이라고 생각했기 때문이다(갈 2:18). 그의 행동은 교회가 성령 안에서 세운 '이신칭의' 의 진리를 헛되게 만드는 죄를 범하는 것이었다.

3장 1-14절 단락에서는 '믿음으로 구원받는다' 는 진리는 아브라함으로부터 시작된 것이란 사실을 밝힘으로써, 유대교적 신앙으로 돌아가려는 자들의 준거를 제거한다. '이신칭의' 의 진리를 떠나는 자들은 아브라함에게서 떨어져 나가 저주 아래 떨어지는 것이라고 주장함으로, 복음의 진리를 굳게 지켜 나갈 것을 갈라디아 교인들에게 강권한다. 그리고 본 과에서는 믿음을 '언약' 이란 입장에서 설명한다. '이신칭의' 의 진리는 아브라함에게 주신 약속이고, 율법은 이스라엘이 범법하므로 430년 후에 광야에서 주신 것이라고 한다. 그리고 그 율법은 아브라함의 한 자손 곧 그리스도가 오실 때까지 유효한 것이고, 그 후에는 폐기된 것이기에 믿음으로 의롭게 된 자들이 폐기된 율법으로 돌아가는 일이 얼마나 어리석은가를 보여 준다.

2. 본문 읽기(10분: 조별로)

(1) 읽기

＊ 다양한 방법으로 본문을 반복하여 여러 번 읽습니다.

1) 조에서 각자가 본문을 한 번 천천히 읽도록 합시다.

2) 조장이 읽고 조원들은 눈을 감고 마음에 그리며 듣도록 합시다.

(2) 그리기

＊ 읽고 들으면서 새롭게 느낀 점이나 감동되는 내용을 적어 봅시다. 그리고 서로 바꾸어 읽어 봅시다.

3. 본문 이해하기(40분: 조별로)

(1) 문단 나누기

1) 본문을 소 단락으로 나누어 보고, 제목을 붙여 봅시다.

2) 소 단락의 내용을 간략하게 이야기해 봅시다.

(2) 소 단락을 읽고 이해하기

1) 지금 갈라디아 교회에는 어떤 움직임이 일어나고 있습니까? 사도 바울은 그들의 어리석음을 1-3절에서 몇 가지로 책망하고 있는지 말해 봅시다.

다른 복음으로 갈라디아 교인들은 유혹하는 사람이 있고, 거기에 흔들리는 사람들이 있다. 십자가를 바라보고 살고 있는 갈라디아 교인들이 명확하고 단호한 입장을 취하지 못하고 흔들린다. 성령도 경험으로 아는 신자들이다. 그런데 이들은 ① 십자가의 믿음이 흔들리고 있고, ② 성령을 믿음으로 받았는데, 행위로 돌아감으로써 성령을 모독하고, ③ 성령으로 시작하였다가 육체로 마치려고 한다. 바울은 이 세 가지 점을 책망한다.

2) 성령을 받을 때 '율법의 행위로냐 듣고 믿음으로냐' 는 구절에서 바울이 '믿음과 성령' 을 강조하는 이유는 무엇이라고 생각하십니까?

🔑 '믿고 세례를 받을 때 성령을 받는다' 는 것은 초대교회의 신앙고백이다(행 2:38). 율법은 성령 없이도 지킬 수 있다. 그러나 믿음 없이는 성령도 받을 수 없고, 성령의 도움 없이는 믿음의 삶도 이루어질 수도 없다. 믿음을 버리는 것은 성령을 버리는 것과 같은 것이다.

3) 왜 믿음으로 말미암는 자들은 아브라함의 아들이 되는 것일까요? 아브라함과 함께 복을 받는다는 뜻도 나누어 봅시다.

🔑 율법으로 돌아가려는 자들은 아브라함의 자손으로 남겠다는 것인데, 사실 아브라함이 의롭게 된 것은 믿음으로 얻었고 행위로 얻은 것은 아니다(창 15:6)란 점을 강조한다. 그런데도 율법으로 돌아가려고 하느냐고 바울은 묻는 것이다. 아브라함의 자손이 되는 것은 아브라함처럼 믿음으로 살 때 되는 것이다. 예수님도 삭개오가 주님을 영접하였을 때, "이 사람도 아브라함의 자손이다" 고 선언해 주셨다(눅 19:9). 바울도 믿음으로 아브라함의 자손이 된다고 주장함으로써, 유대교로 돌아가려는 자들의 어리석음을 고발하고 있다.

4) 율법에 속한 자들이 저주 아래 있다는 말은 무슨 뜻입니까? 왜 그렇다고 생각하십니까?

🔑 요한복음 3장 17-19절을 읽어 보자. 믿음으로 의롭다함을 받지 않은 자들은 결국 그 자체가 심판 아래 남아 있는 것이다. 그렇다면, 율법 아래 있는 자들은 이미 멸망 아래 있는 것이다. 요한복음에 의하면, 우리가 받은 구원은 중립적인 위치에 있다가 의롭게 된 것이 아니다. 구원을 받은 자들은 그런 멸망에서 건짐을 받은 것이다. 11절을 읽어 보자. 아무도 율법을 완벽하게 지킬 수 없다. 바울은 인간이 율법을 완성할 때까지는 멸망 아래 있는 것임을 강조한다.

5) 믿음과 율법의 근본적인 차이는 무엇이라고 본문은 말하고 있습니까? 내용을 살피면서 자신의 생각을 나누어 봅시다.

🔑 율법이나 믿음이 지향하는 점은 똑같이 의롭게 되는 것이다. 그런데 이 둘은 출발점이 다르다. 율법은 의롭게 되기 위한 목표를 향해서 달려가는 마라톤과 같다. 그러나 율법을 지킴으로써 의롭게 되는 길은 전혀 불가능하다(11절). 믿음은 의롭게 여김을 먼저 받고, 그로부터 의롭게 된 사람으로 살아가는 것이다. 또 믿음과 율법은 성령과의 관계에서 차이가 있다. 율법은 성령 없이 자기의 의지로 살아가는 행위를 말한다. 반면, 믿음의 길은 성령의 도우심과 인도하심을 받으며, 성령과 함께 살아가는 삶이다(3:3, 14).

6) 8절에서 바울은 "이방인이 너로 말미암아 복을 받으리라"고 해석했는데, 창세기 12장을 어떻게 그렇게 해석할 수 있다고 생각하십니까?

🔑 창세기 12장 1-3절을 읽어 보자. 3절에 의하면, "땅의 모든 족속이 너로 말미암아 복을 얻을 것"이다. 바울은 "땅의 모든 족속"을 유대인만이 아니라 이방인도 포함한다고 해석하였다. 그러므로 아브라함은 유대인의 아버지만이 아니라 이방인의 아버지도 된다. 그러나 바울의 주장은 아브라함의 자손은 예수님의 가르침처럼 혈통으로 되는 것이 아니라 믿음으로 된다. 아브라함의 믿음의 계열에 들어선 자들만이 그의 자녀가 되기 때문이다. 그렇기 때문에 이방인이든 유대인이든, 아브라함처럼 믿음으로 의롭게 된 자들은 모두 아브라함의 복을 받을 것이다.

7) 3장 13절을 해석해 봅시다. 이 말씀을 통하여 바울은 독자에게 무엇을 표현하려고 했을까요?

바울은 십자가를 부끄럽게 생각했던 사람이다. 십자가는 저주의 상징으로 알았기 때문이다. 그러나 이제는 그에게는 부끄러움의 상징인 십자가가 가장 자랑스러운 것이 되었다. 십자가를 저주의 상징으로 생각하는 사람들을 향하여 역설적인 수사적 설명을 한다. 십자가에 달리는 것이 저주가 아니라, 율법 아래 사는 것이 저주라고 한다. 그런데 부끄러운 십자가를 주님이 지시므로 율법의 저주에서 우리를 건져 주셨다고 한다. 속량이란 주님이 우리의 저주를 대신 지시고, 우리를 해방시킨 것을 말한다. 그러므로 할례를 받아야 한다고 주장하는 것은, 율법의 저주 아래로 다시 들어가는 것을 자초하는 일이라고 역설한다. 그러므로 율법의 저주 아래로 다시 들어가지 말도록 강조한다.

(3) 본문과 관련된 다른 성경구절 살펴보기

창세기 15장 6절과 본문을 관련지어 생각해 봅시다.

창세기 15장 6절은 하나님으로부터 아브라함이 의롭다고 인정받는 대목이다. 하나님께서 아브라함에게 "네 몸에서 날 자가 네 상속자가 되리라"(창 15:4)고 하셨고, 그를 이끌고 밖에 나가 하늘의 별을 보면서 "네 자손이 이와 같으리라"(창 15:5)고 하셨을 때, 아브라함이 이를 믿었고, 하나님께서는 그것을 그의 의로 여기셨던 것이다. 바로 이 구절은 '믿었다' 는 말이나, 믿음으로 '의롭다' 함을 받았다는 사실을 처음 소개하는 곳이다. 바울 사도는 '이신칭의' 의 진리를 창세기 15장 6절과 연결시킨다. 그렇다면, 아브라함이 의롭게 된 데는 율법이 끼어들 자리가 없다. 그런데도 유대인들은 아브라함 사건이 있은 지 430년 후에 주어진 율법에 더 큰 의미를 두는 모순을 범하고 있다. 이 점을 바울은 날카롭게 지적하고 있다.

물론, 아브라함이 의롭게 되었지만, 믿음 사건은 여기서 멈추지 않는다. 그 이후, 아브라함은 하나님과 함께 살아가면서 계속 하나님과의 관계를 발전시켜 나갔다. 이

점에 우리 그리스도인들은 주의를 기울여야 한다.

📖 사도행전 2장 38절과 본문을 읽어 보고, 성령과 믿음의 관계를 생각해 봅시다.

베드로의 설교를 들은 사람들이 "형제들아 우리가 어찌할고"라고 탄식했을 때, 베드로는 이렇게 대답했다. "너희가 회개하여 각각 예수 그리스도의 이름으로 세례를 받고 죄 사함을 얻으라 그리하면 성령을 선물로 받으리라". '회개' - '예수 그리스도의 이름으로 세례' - '죄 사함' - '성령' 의 공식이 그리스도인에게 성립한다. 이는 초대교회가 '믿음으로 구원을 받는' 과정을 설명하는 공식이었다. 이 구절에서 주목해야 하는 것은, 믿음으로 의롭게 되는 과정에서 빼놓을 수 없는 것이 성령 받음이다. 왜 여기서 성령이 강조되는 것일까? 이는 예수 그리스도를 믿는다는 것이 그리스도와 함께 사는 것을 의미하기 때문이다. 따라서 그리스도의 사람이 되는 것 자체가 성령으로 되는 일이고, 예수님과 함께 사는 생활도 성령 안에서만 가능하다. 그러므로 사도 바울은, "무릇 하나님의 영으로 인도함을 받는 사람은 곧 하나님의 아들이라"(롬 8:14)고 말한다. 믿음과 삶을 분리해서 생각한다면, 이는 큰 오류를 범하는 것이다. 유진 피터슨 교수는 아는 것을 곧 믿음으로 이해하는 것은 현대 교회가 영지주의적 신앙에 빠져 들고 있다는 증거라고 했다.

(4) 본문을 재구성하기

* 본문의 내용을 자신의 말로 간단하게 기록해 봅시다.

4. 본문으로 나, 교회, 세상 읽기(20분: 조별로)

아래의 제목 중 한 가지를 택하여 서로의 생각을 나누십시오.

(1) 본문으로 나 읽기

1) 신앙생활을 하면서 자신의 믿음과 삶에서 십자가의 의미는 무엇입니까?

저주스런 십자가를 통하여 주님께서 우리를 저주 가운데서 건져 주셨다는 사실을 기억한다면, 우리가 어떻게 살아야 할 것인지가 분명해진다. 그리고 저주 아래 있는 사람들에게 복음을 전해야 하는 것도 분명해진다. 이런 관점에서 토론을 구체적으로 해 보자.

2) 자신의 신앙생활에서 성령은 어떤 역할을 하고 계시는지를 나누어 봅시다.

(2) 본문으로 교회 읽기

1) 어느 교회 현수막에 '성령의 후원으로 은혜로운 교회' 라고 되어 있다면, 단편적이긴 하지만 그 교회의 성령론의 단면을 보여 준다고 생각합니다. 자신의 느낌은 어떠한지 나누어 보십시오.

2) 우리 교회가 성령을 강조하는데, 왜 성령을 강조하고 있습니까? 본문에서 바울 사도가 강조하려는 것과는 어떤 차이가 있는지를 나누어 봅시다.

(3) 본문으로 세상 읽기

1) 로마서 8장에서 바울은 성령께서 우리를 위하여 탄식하신다고 했는데, 오늘 우리 사회를 보시면서 성령께서 특별히 어떤 모습 때문에 탄식하신다고 생각하십니까?

2) 전도가 중요하지만 세상의 흐름을 바꾸는 일이 더 중요합니다. 세상의 흐름이 어떻게 바뀌어야 한다고 생각하십니까?

5. 삶으로 엮어 내기(15분: 조별로)

4번에서 선택한 항목을 골라 토론하십시오.

(1) '나'의 삶에 적용하고 실천할 수 있는 방안 모색하기

1) 우리의 삶이 복음에 충실하고, 성령의 인도하심에 충실하게 위해서는 어떤 면에서 노력해야 한다고 생각하십니까? 실천방안을 마련해 보십시오. 그리고 그대로 살도록 노력하십시오.

(2) '교회'의 삶에 적용하고 실천할 수 있는 방안 모색하기

1) 성령은 교회의 주인이고 능력의 근원이십니다. 그렇다면 교회가 바르고 힘 있는 교회 되기 위해서는 올바른 성령론의 회복이 필요합니다. 어떤 면에서 회복되어야 한다고 생각하십니까?

(3) '세상'의 삶에 적용하고 실천할 수 있는 방안 모색하기

1) '전도'가 개인 구원에 초점이 맞추어져 있다면, '하나님 나라를 세우는 일'은 공동체와 개인을 동시에 구원하는 사역입니다. 이 땅에 하나님의 나라를 세워 나가기 위한 구체적인 방안들을 세워 보십시오. 그리고 실천하도록 노력하십시다.

6. 조별 마무리

1) 참여자들은 인도자에 대한 평가서를 작성하여 인도자에게 줍니다.

2) 오늘 조별 활동에 대한 평가와 소감을 나눕니다.

7. 대그룹 마무리(40분: 전체)

1) 해결하지 못한 사항이 있으면 질문하십시오.

2) 조별 공부를 통해서 결정했던 실천사항들을 전체 모임에서 발표합니다.

3) 인도자가 성경공부를 인도한 소감을 간단하게 말합니다.

4) 다음 수업 본문의 예시와 숙제 제시

* 다음 주 수업은 '약속으로 말미암아' (갈 3:15-29)입니다. 3장 1절-4장 20절 단락을 몇 번 읽으면서 3장 1-15절과 4장 1-20절의 내용이 3장 15-29절의 내용과 어떻게 관련되어 있는가를 살펴보고 그 내용을 A4 용지 1장으로 요약하여 과제물로 제출하십시오.

5) 기도로 마무리합니다.

제7과 ○

약속으로 말미암아 (갈 3:15-29)

갈라디아서 3장 24절

이같이 율법이 우리를 그리스도께로 인도하는

초등교사가 되어 우리로 하여금

믿음으로 말미암아 의롭다 함을 얻게 하려 함이라

제7과 약속으로 말미암아 (갈 3:15-29)

♪ **'내가 매일 기쁘게' 1-2절 함께 찬송하기**

(찬송가 191장/ 통 427장)

1. 내가 매일 기쁘게 순례의 길 행함은 주의 팔이 나를 안보함이요
   내가 주의 큰 복을 받는 참된 비결은 주의 영이 함께 함이라

2. 나와 동행하시고 모든 염려 아시니 나는 숲의 새와 같이 기쁘다
   그 발 아래 엎드려 참된 평화 얻음은 주의 영이 함께 함이라

후렴) 성령이 계시네 할렐루야 함께 하시네
좁은 길을 걸으며 밤낮 기뻐하는 것 주의 영이 함께 함이라

1. 본문으로 들어가면서(10분: 전체)

배정된 본문의 짜임새와 전후 관계 살피기

(1) 학생의 나눔

* 갈라디아 3장 15-29절을 중심으로 갈라디아 3장 1-15절과 4장 1-20절의 내용이 본문과 어떻게 관련되고 있는지를 조에서 나누어 봅시다.

(2) 인도자의 설명

* 본문의 짜임새와 전후 관계, 속한 장과의 관련성 등을 간략하게 설명하십시오.

참 . 고 . 자 . 료

갈라디아서 3장 1-14절 단락은 믿음으로 의롭다 함을 받는다는 진리는 아브라함에게 뿌리가 있다고 주장함으로, 이 믿음을 거부하는 자들은 아브라함을 거부하는 것이라는 주장을 펼쳤다. 그리고 3장 15-29절 단락에서는 '이신칭의'의 진리는 아브라함에게 주신 약속이고, 율법은 이스라엘이 범법하므로 430년 후에 광야에서, 그것도 천사를 통하여 주신 것이므로 믿음과 율법의 비교할 수 없다는 사실을 천명하였다. 또한 그 율법은 아브라함의 한 자손 곧 그리스도가 오실 때까지 한정적으로 유효한 것이기 때문에 이제 그리스도 안에서 사는 자들은 율법으로 돌아가서는 안 된다고 한다. 4장 1-20절 단락은 3장 24절의 '초등교사' 라는 개념에 맞추어서 믿음을 재차 설명하고 있다. 율법으로 돌아가는 것은 다시 어린아이로 돌아가는 것이고, 초등교사 밑으로 들어가는 것이며, 믿음으로 구원받은 사람들은 하나님의 아들이고, 하나님으로부터 유업을 받을 자라고 한다. 여기서 종과 아들을 비교함으로 율법으로 돌아가는 것과 믿음으로 의롭다함을 얻은 자들과 차별화를 시도한다. 그리고 12-20절에서는 사도 바울은 갈라디아 교인들에게 목회자의 심정으로 복음으로 돌아오라고 권고한다.

2. 본문 읽기(10분: 조별로)

(1) 읽기

* 다양한 방법으로 본문을 반복하여 여러 번 읽습니다.

1) 조에서 각자가 본문을 한 번 천천히 읽도록 합시다.

2) 조장이 읽고 조원들은 눈을 감고 마음에 그리며 듣도록 합시다.

(2) 그리기

* 읽고 들으면서 새롭게 느낀 점이나 감동되는 내용을 적어 봅시다. 그리고 서로 바꾸어 읽어 봅시다.

3. 본문 이해하기(40분: 조별로)

(1) 문단 나누기

1) 핵심 낱말을 중심으로 본문을 소 단락으로 나누어 봅시다.

2) 소 단락에 제목을 붙여 봅시다.

(2) 소 단락을 읽고 이해하기

1) 사도 바울은 율법이 430년 후에 생긴 것이라고 강조한다. 430년이란 언제로부터 계산한 것이며, 이 햇수를 강조하는 이유는 무엇입니까?

율법은 이스라엘이 '정하신 언약' 을 받은 때부터 430년이 지나 받은 것이다. '정하신 언약' 의 때는 아브라함이 하나님으로부터 의롭다함을 받은 때를 의미한다. 그렇다면, 믿음으로 의롭다함을 얻은 후 430년 뒤에 주어진 율법이 믿음을 앞설 수 없다. 그런데 후에 주어진 율법이 믿음의 원리를 폐기하려고 한다. 바울 사도는 갈라디아 교인들이 율법으로 돌아가는 것이 그만큼 어리석은 일임을 선언한다.

2) 율법은 광야에서 누구를 통하여 어떻게 주신 것이며, 왜 주셨다고 말하고 있습니까?

율법은 광야에서 모세를 통하여 주신 것이고, 이스라엘이 범법하였기 때문에 주신 것이다. 범법하기 때문에 주셨다는 말은 율법이 '제2의 출처'(secondary source)라는 의미다. 율법은 이신칭의의 교리에 덧붙여 주신 것이다. 모세라고 하지 않고 중개자라고 언급한 이유는 모세를 오해하도록 만들지 않기 위해서 일 것이다. 그리고 율법은 한시적이다. 율법은 그리스도가 오실 때까지만 필요한 것이고, 이제 예수 그리스도가 오셔서 믿음을 완성하셨으니 율법은 믿음보다 앞설 수 없다.

3) 아브라함이 받은 약속과 광야에서 주어진 율법의 차이는 무엇이라고 바울 사도는 말하고 있습니까? 여기서 바울이 무엇을 주장하려고 한다고 생각됩니까?

아브라함에게 주신 약속과 율법의 차이를 살펴보면, 우선 율법은 연대적으로 후대에 속한다. 또 전자는 하나님이 직접 주신 것이요, 후자는 모세를 통하여 주신 것이다. 전자인 약속은 구원의 근본적인 원리이다. 그러나 후자인 율법은 믿음으로 구원받은 사람들이 살아가야 할 규례이지 믿음에 앞서는 것은 아니다. 율법으로 유업을 받지 못한다. 아브라함에게 주신 약속만이 유업을 얻을 수 있다. 율법이 하나님의 약속들과 반대되는 것은 아니다. 그렇지만 율법이 사람을 능히 살려 내지는 못한다.

4) '초등학문' 을 버리고 이제는 그리스도를 믿는 믿음으로 돌아가야 할 이유가 무엇입니까? (3:23-26). 본문을 해석하고 자신의 말로 표현해 보십시오.

하나님의 자녀가 되고, 자녀로 성장하는 것이 문제다. 그러나 율법으로는 아들이 되지 못한다. 하나님의 자녀가 되는 길은 오직 예수 그리스도를 통해서만 가능하다. 율법의 역할은 인간을 그리스도께 인도하는 것뿐이다. 그러나 결정적인 믿음도 성령의 역사로 가능하다.

5) 믿는 모든 자들은 '그리스도의 것' 이며, 동시에 '아브라함의 자손' 이라고 강조하는 이유가 무엇인가를 나누어 봅시다.

'세례를 통하여 그리스도에게 속한 자' (믿음으로 그리스도와 연합한 자)는 바로 '아브라함에게 속한 자' 라는 뜻이다. 아브라함은 예수 그리스도를 보지 못하였지만, 죽은 자의 부활을 믿은 최초의 사람이다(롬 4:19-23). 그러므로 믿음으로 구원받은 사람들은 첫째는 그리스도에게 속하는 것이요, 그것은 동시에 아브라함에게 속한다고 말할 수 있다. 이는 아브라함이 믿음의 조상이기 때문이다.

6) 3장 26절에서, '너희가 다' 라는 말은 무슨 의미를 담고 있습니까? 왜 '믿음으로 구원받았다' 고 말하지 않고, '너희가 다 믿음으로 말미암아 그리스도 예수 안에서 하나님의 아들이 되었다' 고 말하는 것일까요? (27절과도 관련지어서 생각해 봅시다.)

믿음으로 구원을 받는 것은 개인적인 경험이지만, 사실 구원은 공동체적 의미를 가진다. 오늘날 구원을 너무 개인화 시키는 경향을 띠는 것은 확실히 잘못된 것이다. 바울 사도는 구원받은 성도들을 하나님 안에 있는 한 가족으로 생각한다. 유대인이

나 이방인의 구분이 없고 하나님 안에 한 가족이 되는 것을 강조함으로, 바울은 지금 다시 유대주의로 돌아가려고 하는 자들의 잘못을 간접적으로 책망하고 있다. 이는 기독교가 유대주의와 같이 편협한 이념이 아니기 때문이다. 물론, 처음 유대인들을 구원한 것도 온 세상에 복음을 전하도록 구원한 것이지, 유대인들만 선택받은 사람으로 살기 위한 것은 아니었는데, 당시 유대교는 아주 편협한 선민 의식만을 강조하는 종교가 되어 버리고 말았다. 여기서 넓은 그림을 그림으로써 잘못된 유대주의를 극복하려는 바울 사도의 의도를 찾을 수 있다.

(3) 본문과 관련된 다른 성경구절 살펴보기

📖 마가복음 7장 1-10절과 본문을 비교해 보고, 바울은 율법을 어떤 의미에서 말하는지 나누어 봅시다.

용 . 어 . 해 . 설

초등교사

'초등교사' (paidagōgos)란 "교육적인 역할을 맡은 긍정적인 개념이 아니라, 그리스도 안에서의 자유가 열리기까지 사람들을 죄의 노예 상태에 가두는 무시무시한 감시자를 뜻하는 부정적인 개념이다." (김창선, 『사도바울의 투쟁』, 187쪽 참조)

율법을 철저하게 지키기 위하여 율법학자들은 수세기 동안 무수한 세칙과 규정을 만들었다(막 7:3; 마 15:2). 이것이 문서화되기는 주후 3세기 중엽인데, '미쉬나'(Mishnah)로 불렸다. 여기에 63개의 규정이 들어 있다(영어로 번역하면, 800쪽에 이름). 율법학자들은 여기에 만족하기 않고 미쉬나에 주해작업을 시작했다. 이것이 '탈무드' 이다(예루살렘 탈무드 12권, 바벨론 탈무드 60권).

그 중에 의식적인 정결 예식과 씻는 예식이 있다. 음식 먹기 전에 손을 씻어야 한다. 어떤 방법으로 손을 씻어야 할까? 계란 껍질의 절반만큼의 물로 손을 씻어야 한다. 손을 위로 치켜들어 그 위에 물을 부어, 물이 팔꿈치에 흘러내릴 때까지, 그리고 손바닥을 다른 손의 주먹으로 깨끗이 닦아야 하고, 손가락을 아래로 해서 물이 손가락 끝으로 흘러내리도록 해야 한다. 이렇게 하는 것이 하나님을 기쁘시게 하는 것이며, 그렇게 하지 않으면 죄를 짓는 일이다. 그들은 이런 세칙을 구약의 토라보다 더 신성하고 구속력이 있는 것으로 여기기 시작하였다(윌리암 바클레이, 『예수의 사상과 생애』, 211-233쪽 참조).

마가복음 7장 2, 5절을 보면, 예수의 제자들이 씻지 않고 떡을 먹는 것을 보고 유대인들이 '부정하다' 고 말한다. 그 이유는 장로들의 전통을 준행하지 않았기 때문이다(막 7:5). 예수님은 그들의 주장을 철저하게 배척하셨다. 정결법을 지키면 하나님을 기쁘시게 하고, 그렇게 하지 않으면 죄를 짓는 일이라고 하는 주장은, 신앙을 율법에 종속시키는 것이기 때문이다. 즉 종교를 형식주의로 만들어 버렸기 때문이다. 그래서 예수님은 "너희가 하나님의 계명(command)을 버리고 사람의 전통(tradition)을 지키느니라"(막 7:8)고 말씀하셨다.

갈라디아서에서 다른 복음을 주장하는 자들은 성경의 토라보다는 '사람들의 전통' 을 하나님의 명령보다 더 우위에 두고 강조하며 사는 자들이다. 이들을 바울은 '초등교사' 로 불렀다. '초등교사' 란 '성경의 토라를 말하는 것이 아니고, 사람들이 주장하는 그들의 전통을 말한다. 이런 전통은 사람들을 죄의 노예 상태에 가두는 무시무시한 감시자를 뜻한다(마 11:28-30 참조).

누가복음 19장 5-10절을 본문과 비교해 보고, 자신이 깨달은 바를 나누어 봅시다.

유대인들의 법에 의하면, 세리는 죄인이다. 그들은 세리를 '강도와 간음하는 자'(눅 18:11 참조)와 동급으로 취급했다. 세금 징수관과 세리는 공적으로도 법률에 의해 권리를 박탈당하고 천대를 받았다. 이들은 이방인 노예와 마찬가지로 증인으로서 진술을 할 수 없었다(요아힘 예레미아스, 『예수시대의 예루살렘』, 391-392쪽). 그래서 예수께서 삭개오 집에 가셨을 때에도 사람들은 부정한 '죄인의 집'에 갔다고 수근 거렸다. 그런데도 예수님은 죄인의 집에 들어가셨고, 삭개오를 '아브라함의 자손'이라고 선언하셨다. 이는 예수께서 율법에 의하여 사람을 보신 것이 아니라, 사랑의 눈으로 모든 믿는 자들을 동일하게 보셨기 때문이다. 바울이 주장하는 복음은 바로 예수께서 세우신 복음이다.

(4) 본문을 재구성하기

* 본문의 내용을 자신의 말로 간단하게 기록해 봅시다.

4. 본문으로 나, 교회, 세상 읽기(20분: 조별로)

아래의 제목 중 한 가지를 택하여 서로의 생각을 나누십시오.

(1) 본문으로 나 읽기

1) 자신이 '하나님의 자녀' 라는 확신이 있습니까? 무엇으로 그것을 확신합니까? 자신의 믿음을 나누어 봅시다.

2) 하나님 자녀라면 자녀답게 살아야 할 텐데, 자신이 하나님의 자녀로서 살기 위하여 특별히 힘쓰는 일을 세 가지씩 나누어 봅시다.

(2) 본문으로 교회 읽기

1) 교회는 하나님의 자녀들이 모인 공동체입니다. 교회 안에서 성도들이 하나님의 자녀로 잘 자라고 있는 모습들을 아는 대로 나누어 봅시다.

2) 하나님의 자녀들로서 자라나기 위하여 교회 안에 어떤 프로그램들이 있어야 한다고 생각하십니까?

(3) 본문으로 세상 읽기

1) 그리스도인이 세상 법을 지켜야 하는데, 반드시 지켜야 법들은 무엇인지를 나누어 봅시다.

2) 우리나라 사람들은 무엇이든지 적당히 하는 습관이 있다고 합니다(원래 '적당히' 는 바르게 한다는 뜻임). 세상에 기독교인들의 철저한 모습을 보여 주기 위해서는 어떤 면에 솔선해야 한다고 생각하십니까?

5. 삶으로 엮어 내기(15분: 조별로)

✚ 4번에서 선택한 항목을 골라 토론하십시오.

(1) '나'의 삶에 적용하고 실천할 수 있는 방안 모색하기

1) 자신이 하나님의 자녀로서 살기 위하여 특별히 더 힘써야 할 일들을 작성해 봅시다. 이 일을 실천할 수 있는 방안도 마련해 봅시다.

(2) '교회'의 삶에 적용하고 실천할 수 있는 방안 모색하기

1) 하나님의 자녀들로서 성장하고, 흔들리지 않고 봉사하도록 하기 위한 교회의 구체적인 프로그램들을 제안해 봅시다.

(3) '세상'의 삶에 적용하고 실천할 수 있는 방안 모색하기

1) 세상의 문화를 변화시켜 나가기 위해서 그리스도인들이나 교회는 어떤 일들을 꾸준히 실천해 가야 하는가를 구체적으로 나누어 보고, 구체적인 실천방안도 작성해 봅시다.

6. 조별 마무리

1) 참여자들은 인도자에 대한 평가서를 작성하여 인도자에게 줍니다.

2) 오늘 조별 활동에 대한 평가와 소감을 나눕니다.

7. 대그룹 마무리(40분: 전체)

1) 해결하지 못한 사항이 있으면 질문하십시오.

2) 조별 공부를 통해서 결정했던 실천사항들을 전체 모임에서 발표합니다.

3) 인도자가 성경공부를 인도한 소감을 간단하게 말합니다.

4) 다음 수업 본문의 예시와 숙제 제시

* 다음 주 수업은 '종이 아닌 아들' (갈 4:1-20)입니다. 갈라디아서 4장 1-20절을 중심으로 3장 15-29절과 4장 21-31절을 비교해서 읽고, 서로의 연결점을 찾아본 다음, 자신이 이해한 바를 A4 용지 1장으로 요약하여 과제물로 제출하십시오.

5) 기도로 마무리합니다.

제8과

종이 아닌 아들 (갈 4:1-20)

갈라디아서 4장 7절

그러므로 네가 이후로는 종이 아니요
아들이니 아들이면
하나님으로 말미암아 유업을 받을 자니라

제8과 종이 아닌 아들 (갈 4:1-20)

♪ '예수가 함께 계시니' 1-2절 함께 찬송하기

(찬송가 325장/ 통 359장)

1. 예수가 함께 계시니 시험이 오나 겁 없네
기쁨의 근원 되시는 예수를 위해 삽시다

2. 이 세상 친구 없어도 예수는 나의 친구니
불의한 일을 버리고 예수를 위해 삽시다

후렴) 날마다 주를 섬기며 언제나 주를 기리고
그 사랑 안에 살면서 딴 길로 가지 맙시다

1. 본문으로 들어가면서(10분: 전체)

배정된 본문의 짜임새와 전후 관계 살피기

(1) 학생의 나눔

* 갈라디아 4장 1-20절을 중심으로 갈라디아 3장 15-29절과 4장 21-31절의 내용이 본문과 어떻게 관련되어 있는지, 그 내용을 조에서 나누어 봅시다.

(2) 인도자의 설명

* 본문의 짜임새와 전후 관계, 속한 장과의 관련성 등을 간략하게 설명하십시오.

참 . 고 . 자 . 료

3장 15-29절 단락은 '이신칭의'의 진리가 광야에서 율법을 주신 것보다 430년이나 앞서 이루어진 것으로 설명한다. 그리고 율법은 이스라엘이 범법하므로 430년 후에 광야에서 주신 것이고, 율법은 아브라함의 한 자손, 곧 그리스도가 오실 때까지 한정적으로 유효한 것이라고 한다. 그렇다면, 그리스도 안에서 율법이 완성되었기 때문에 율법은 효력을 잃어버렸으며, 이제는 믿음으로 인하여 의롭다 함을 얻는 은혜의 시대임이 강조된다. 그리고 4장 1-20절 단락에서 바울은 3장 24절의 '초등교사'라는 개념으로써 믿음을 다시 설명한다. 그리고 율법으로 돌아가는 것을 다시 어린아이로 돌아가는 것, 곧 초등교사 밑으로 들어가는 것으로, 또 율법 아래 들어가는 것을 율법의 종으로 들어가는 것으로 묘사하고, 믿음의 사람들을 하나님의 자녀로 언급한다. 4장 9-11절 단락에서 바울은 초등학문을 약하고 천박하다고 말하고, 어찌하여 날과 달과 절기를 지킴으로써 "그들에게 종노릇하려 하느냐?"고 반문한다. 그리고 다시 4장 21-29절 단락에서는 사라를 통하여 낳은 약속의 아들과 하갈을 통하여 낳은 아들 즉 육체의 아들을 비교한다. 그때 육체의 아들이 언약의 아들을 박해한 것처럼 오늘도 육체의 아들들이 언약의 아들들을 비방하고 박해하기에, 육체의 아들을 쫓아내라고 한다. 4장 21-29절 단락에서 바울은 언약의 아들과 종의 관점에서 믿음과 율법의 사람들을 설명한다.

2. 본문 읽기(10분: 조별로)

(1) 읽기

＊ 다양한 방법으로 본문을 반복하여 여러 번 읽습니다.

1) 조에서 각자가 본문을 한 번 천천히 읽도록 합시다.

2) 조장이 읽고 조원들은 눈을 감고 마음에 그리며 듣도록 합시다.

(2) 그리기

* 읽고 들으면서 새롭게 느낀 점이나 감동되는 내용을 적어 봅시다. 그리고 서로 바꾸어 읽어 봅시다.

3. 본문 이해하기(40분: 조별로)

(1) 문단 나누기

1) 핵심 낱말을 중심으로 본문을 소 단락으로 나누어 봅시다.

2) 소 단락에 제목을 붙여 봅시다.

(2) 소 단락을 읽고 이해하기

1) 그리스도 안에 살고 있는 사람과 율법과의 관계를 사도 바울은 어떻게 설명하고 있습니까? (1–5절)

유업을 이을 자가 어렸을 때, 그 어린아이를 훈련시키기 위하여 보호자와 관리자 아래 있게 한다. 그것은 기한이 차기까지만, 즉 아이가 자랄 때까지만 필요한 것이다. 바울은 율법을 마치 유아들을 가르치는 선생과 같은 것으로 비유한다. 이렇게 보면,

율법 아래 있는 것은 세상의 유치한 교훈 아래 사는 것과 같다. 청지기는 영원히 청지기이지만, 아들은 영원히 아들이다. 종을 다스리는 법은 종들을 구속한다. 그러나 아들에게는 율법이 구속이 아니라, 자유롭게 실천해 가야 하는 법이다. 이런 경우에 율법이란 유대인들이 말하는 율법이 아니라, 하나님의 말씀으로서 법을 의미한다.

2) 바울은 '하나님의 아들' 이란 증거가 무엇이라고 말하고 있습니까? 또 아들이어야 '유업을 받는다' 는 말을 강조하는 이유는 무엇이라고 생각하십니까?

우리가 아들인 증거는 성령이 우리 안에 계심이다. 이 영은 아들의 영이기 때문에 아들을 믿는 자들에게만 주어진다(4:6). 로마서 8장 9절에서 바울은 "누구든지 그리스도의 영이 없으면 그리스도의 사람이 아니다" 라고 한다. 또 로마서 8장 16절은 성령이 우리가 하나님의 자녀인 것을 증언하심을 말한다. 그렇다면, 성령의 사람들만이 그 나라를 유업으로 받을 수 있다. 지금 다른 복음을 전하는 자들은 하나님의 자녀들을 율법 아래로 끌어내리려고 한다. 만약 아들을 떠나고 성령을 잃어버리면, 그들에게는 유업이 없다는 사실을 반대로 강조한다.

3) 다른 복음을 강조하는 자들은 어떤 자들이며, 왜 그들이 어리석은지를 본문을 자세하게 읽으면서 생각을 나누어 봅시다. (8-11절)

갈라디아 교인들은 이전에 하나님을 알지 못하여 본질상 하나님이 아닌 것들에 종노릇하며 살던 사람들이다. 그런데 이제 그들은 하나님을 알고, 또 하나님이 그들을 인정하는 자녀가 되었다. 하나님께서 우리를 아셨기 때문에 우리가 하나님을 알게 되었다. 이것은 은혜로, 그리스도인이 이방 종교의 악의 세력으로부터 건짐을 받았다는 것을 말한다. 그런데 그들 중에 어떤 이들은 하나님의 은혜를 버리고 천박한 초등학문으로 돌아가려고 한다. 그들이 날과 달과 절기들을 지켜야 구원을 받을 수 있다는 유혹에 흔들리고 있으니, 복음을 전한 자로서 바울의 마음은 너무 안타깝다. 왜냐하면 그렇게 되면 바울의 수고가 헛되게 되기 때문이다.

4) 4장 12-20절 단락에서 사도 바울이 보여 주는 전도자 또는 목회자와 교인의 관계와 자세는 어떤 모습이어야 하는지 찾아서 나누어 봅시다.

처음 갈라디아에 복음을 전할 때 바울은 몹시 몸이 아팠다. 언제 어떻게 아팠는가에 대하여는 확실하지 않다. 고린도후서 11장 23-27절, 그리고 혹 고린도후서 12장 7-10절 단락의 내용 중에 어느 것이 갈라디아에서 겪은 고통이라고 추측할 뿐이다. 그런 육체의 질병은 바울로 하여금 도리어 갈라디아에 머물러 그곳에 복음을 전하게 하는 계기가 되었다. 반면에, 갈라디아 교인들은 그런 약한 바울을 업신여기지도 아니하고 도리어 천사와 같이 대접하였다. 그런데 지금은 바른 복음을 말함으로, 어떤 자들은 바울을 원수처럼 대한다. 그뿐 아니라 거짓 열심이 교인들을 꾀어 바울과 이간시키려고 하는 자들을 열심히 대접한다. 그런 모습을 바라보는 바울은 해산하는 아픔 같은 것을 느끼고 있다. 바울은 갈라디아 교인들을 '사랑하는 자녀들아' (my little children)라고 부른다. 그는 그리스도의 형상을 이루기까지 다시 해산하는 수고를 하려고 한다. 나는 내 자신이 목회자로서, 혹은 교인으로서 무엇을 느끼는가?

5) 12절에서 사도 바울은 "(형제들아) 나와 같이 되기를 구하노라"고 하는데, 바울은 자기의 어떤 면처럼 되기를 원한다는 말이라고 생각하십니까?

'나와 같이 된다' 는 것은 무슨 의미인가? '내가 너희가 같이 되었은즉' 은 바울이 선택을 받은 유대인으로서 이방인처럼 되었다는 것을 뜻한다. 바울은 이방인의 친구가 되어 복음을 이방에 전하게 되었다. 그러므로 바울은 갈라디아 성도들이 자신이 버린 잘못된 유대주의로 돌아가지 말고, 하나님의 사람으로 살아가는 자기처럼 되라고 권면한다.

6) 갈라디아 교인들은 자신들이 바울에게 어떻게 대했다고 말하고 있습니까? 그런데 이제는 어떤 관계로 변하고 있는지, 또 왜 이들이 이처럼 흔들리고 있는지를 서로의 생각을 나누어 봅시다. ('이간시키다' 란 '변질시키다' 는 뜻임)

처음 복음을 받았을 때, 갈라디아 성도들은 바울이 약함 중에 있었음에도 불구하고 그를 천사처럼 대접하였다. 그들은 바울을 눈이라도 빼 줄 듯이 사랑했다. 그런데 지금 그들은 바울을 원수처럼 생각한다(16절). 그렇게 된 것은 거짓 복음을 진하는 자들이 거짓 사랑으로 교인들을 꾀어 바울을 모함하고, 교인들과 바울 사이를 이간질했기 때문이다. 바른 복음 안에 있을 때는 목회자와 교인들, 또는 교인들과 교인들이 진실로 사랑하고 친밀한 교제를 나누게 된다. 그러나 어느 한편이 바른 신앙에서 이탈하면, 서로 등을 돌리고 원수가 되는 경우가 많다. 성령은 하나 되게 하는 영이시기 때문에(엡 4:1-4), 성령을 소멸하면 하나 되는 것이 파괴된다. 이럴 때 서로 자신을 돌아보아 잘못된 자리에 있는 사람은 바른 믿음의 자리로 돌아와야 한다.

(3) 본문과 관련된 다른 성경구절 살펴보기

로마서 8장 5-9절 단락을 읽고 본문과 관련지어 생각해 봅시다.

로마서 8장은 믿음의 극치인 성령 안에서 하나님의 자녀로서 하나님과 교제를 나누는 삶에 대하여 말하고 있다. 믿음의 경지는 하나님의 자녀가 되는 것이고, 하나님과 함께 날마다 사는 것이다. 이런 삶은 율법을 지켜야 구원받는다는 육신에 있는 자들과는 천지 차이의 신분이다. 그러므로 바울은 "육신 아래 있는 자들은 하나님을 기쁘시게 할 수 없다"고 선언한다. 왜냐하면 "누구든지 그리스도의 영이 없으면 그리스도의 사람이 아니기" 때문이다. 이미 바울은 갈라디아서 3장 2절에서 율법 아래 있는 자는 성령과 관계가 없다고 밝힌 바 있다. 여기서 그리스도인은 '이신칭의'의 진리가 성령과 함께 살아가는 신앙으로 발전한 것에 주의를 기울여야 한다. 갈라디아서 4장 21절-5장 1절 단락에서 바울은 "여종과 아들을 내쫓으라 여종의 아들이 자유 있는 여자의 아들과 더불어 유업을 얻지 못하리라"(30절)고 함으로, 율법 아래 있는 자들은 하나님의 자녀가 아닐 뿐 아니라 유업도 얻지 못한다고 단언한다. 그러므로 바울은 '내쫓으라'고 한다.

누가복음 23장 39-43절 단락을 읽고 본문과 비교하면서 서로의 생각을 나누어 봅시다.

누가복음 23장 39-43절 단락은 예수님과 함께 십자가 달린 죄인들에 대하여 자세히 묘사하고 있다. 한 죄수는 "예수님에게 우리를 구원하라"고 외쳤다. 그러나 그는 예수가 누구인가를 진정으로 모르는 사람이었다. 그는, 예수가 단지 능력 있는 사람이라면, 십자가 형틀에서 자기들을 건져 달라고 현실적으로 요구하는 사람일 따름이다. 다른 한 사람은 예수님을 참으로 알고 믿은 사람이다. 그는 예수께 "당신의 나라에 임하실 때에 나를 기억하소서"라고 청원했다. 이 죄수는 예수님이 죽음에서 살아날 것을 믿었고, 그 나라에 임하실 것을 믿었다. 그래서 그는 그때 자신을 기억해 달라고 했다. 이 죄수는 예수께서 믿는 자에게 구원을 주시는 진정한 구원자임을 믿었다. 이 죄수는 의롭다함을 받기 위해서 한 것이 아무것도 없었다. 오직 예수를 구원자로 고백한 것뿐이었다. 그러나 한 가지 기억해야 할 것은 이 죄수는 믿고 죽었기 때문에 믿음의 삶을 지상에서 누릴 수 있는 시간이 없었다는 점이지, '오직 믿기만 하면', 구원받은 후에 하나님의 자녀로서의 삶을 무시해도 된다는 말은 아니다. 믿는 자는 성령 안에서 반드시 하나님의 자녀로서의 삶을 영위해야 한다. 그래서 바울 사도는 "그리스도께서 우리를 자유롭게 하려고 자유를 주셨다"(갈 5:1상)고 역설하였다. 이는 예수 그리스도께서 그를 믿는 자들을 하나님의 자녀로 자유롭게 살도록 하기 위하여 자유를 주셨다는 뜻이다.

(4) 본문을 재구성하기

* 공부한 본문의 내용을 자신의 말로 간단하게 기록해 봅시다.

4. 본문으로 나, 교회, 세상 읽기(20분: 조별로)

아래의 제목 중 한 가지를 택하여 서로의 생각을 나누십시오.

(1) 본문으로 나 읽기

1) 자신은 주님의 십자가의 은혜에 한결같이 감사하며 지내고 있습니까? 처음 믿기 시작할 때와 현재와 비교하면서 무엇이 달라졌는지를 나누어 봅시다.

2) 주님을 위하여 일한다고 하는 데도 악한 열심이 있고 선한 열심이 있습니다. 이런 경우를 예를 들어 봅시다.

⑵ 본문으로 교회 읽기

1) 20년 동안 한결같이 주님과 교회를 사랑하고, 한결같이 봉사한 분들이 있다면, 목회자로서 또 교인으로서 어떻게 느끼겠습니까? 느낌을 나누어 봅시다.

2) 한국처럼 이단이 많은 나라도 찾기가 쉽지 않습니다. 왜 이처럼 이단들이 이 땅에 많고, 왜 많은 교인들이 그들에게 현혹된다고 생각하십니까?

(3) 본문으로 세상 읽기

1) 교회가 세싱 문화를 변화시켜 가야 하는데, 현재는 교회가 세상 문화에 끌려 간다는 생각이 듭니다. 왜 그렇게 되었다고 생각하십니까? 그 이유들을 찾아서 나누어 봅시다.

2) 한국에 무속인의 수가 목회자의 수보다 어림잡아 열 배나 더 많다고 합니다. 이런 현상은 무엇을 말하고 있다고 생각하십니까?

5. 삶으로 엮어 내기(15분: 조별로)

✚ 4번에서 선택한 항목을 골라 토론하십시오.

(1) '나'의 삶에 적용하고 실천할 수 있는 방안 모색하기

1) 우리 자신의 신앙이 흔들리고 악한 열심에 빠져 드는 경우를 막기 위해서는 어떤 점을 고쳐야 하고, 어떤 점에 힘써야 하겠습니까? 구체적인 대안들을 마련하고 실천에 옮기도록 노력합시다.

(2) '교회'의 삶에 적용하고 실천할 수 있는 방안 모색하기

1) 본문으로 교회 읽기 1, 2번은 어떻게 보면 하나일 수 있습니다. 그 이유들을 밝혀 보고, 그런 잘못에 빠지지 않기 위하여 교회는 어떤 면에 더욱 힘써야 한다고 생각하십니까? 구체적인 대안들을 제시해 봅시다.

⑶ '세상'의 삶에 적용하고 실천할 수 있는 방안 모색하기

1) 교회가 세상에 끌려가지 않고 세상을 변화시킬 수 있는 구체적인 방안들을 나누어 봅시다. 그리고 이런 일들을 이루기 위해 힘쓰십시다.

6. 조별 마무리

1) 참여자들은 인도자에 대한 평가서를 작성하여 인도자에게 줍니다.

2) 오늘 조별 활동에 대한 평가와 소감을 나눕니다.

7. 대그룹 마무리(40분: 전체)

1) 해결하지 못한 사항이 있으면 질문하십시오.

2) 조별 공부를 통해서 결정했던 실천사항들을 전체 모임에서 발표합니다.

3) 인도자가 성경공부를 인도한 소감을 간단하게 말합니다.

4) 다음 수업 본문의 예시와 숙제 제시

* 다음 주 수업은 '하갈과 사라, 종살이와 자유' (갈 4:21-31)입니다. 본문 단락과 전후 단락(4:1-20; 5:1-15)이 어떻게 관련되어 있는지 본문의 전후 맥락을 분석하여 자신이 이해한 바를 A4 용지 1장으로 요약하여 과제물로 제출하십시오.

5) 기도로 마무리합니다.

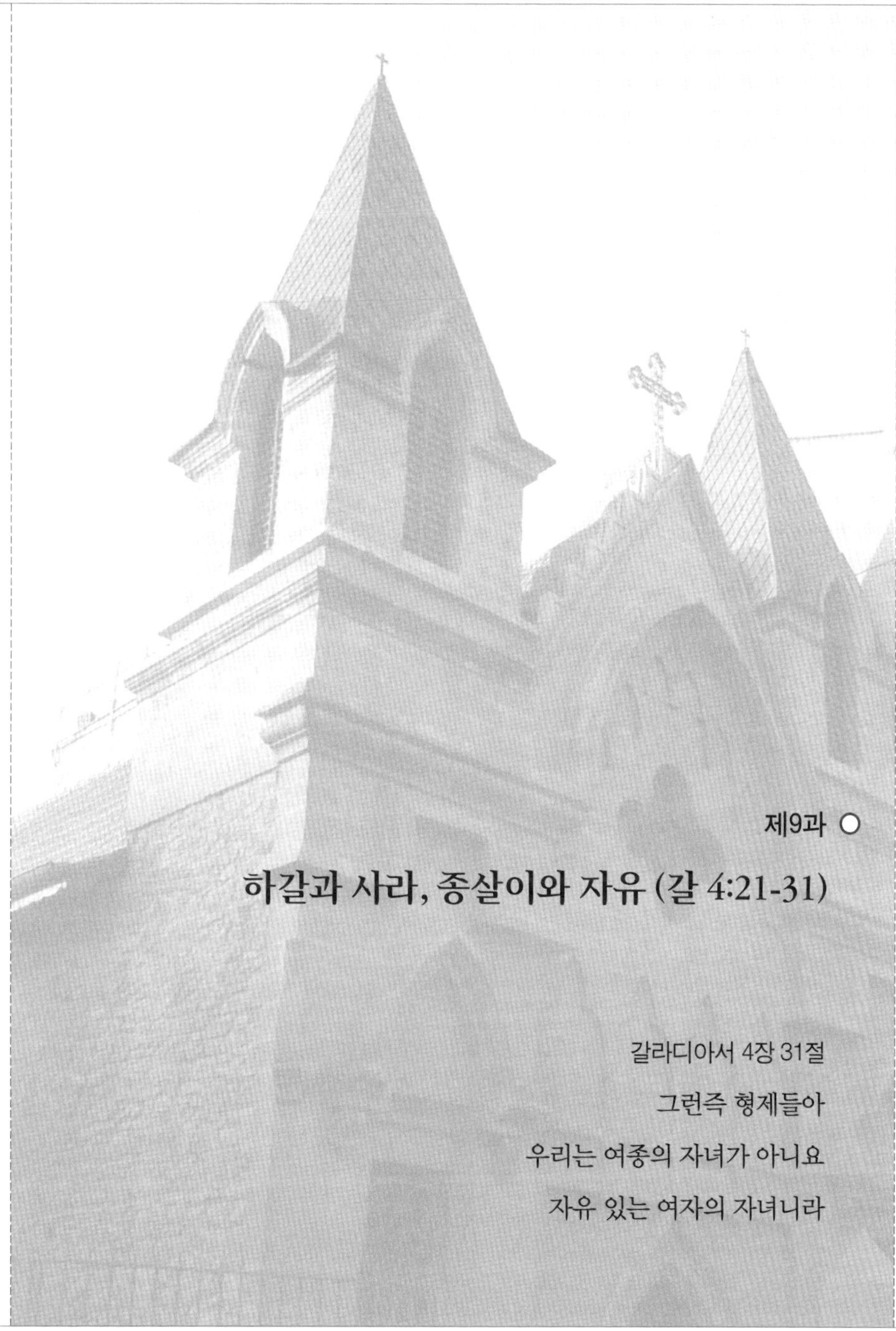

제9과

하갈과 사라, 종살이와 자유 (갈 4:21-31)

갈라디아서 4장 31절

그런즉 형제들아

우리는 여종의 자녀가 아니요

자유 있는 여자의 자녀니라

제9과 하갈과 사라, 종살이와 자유 (갈 4:21-31)

♪ '주와 같이 길 가는 것' 1절 함께 찬송하기
(찬송가 430장/통 456장)

주와 같이 길 가는 것 즐거운 일 아닌가
우리 주님 걸어가신 발자취를 밟겠네
한 걸음 한 걸음 주 예수와 함께
날마다 날마다 우리 걸어가리

1. 본문으로 들어가면서(10분: 전체)

배정된 본문의 짜임새와 전후 관계 살피기

(1) 학생의 나눔

* 갈라디아서 4장 21-31절의 내용이 갈라디아서 4-5장의 문맥에서 어떤 위치에 있는지, 또 어떤 중요성이 있는지 함께 생각해 봅시다.

(2) 인도자의 설명

* 본문의 짜임새와 전후 관계, 속한 장과의 관련성 등을 간략하게 설명하십시오.

참 . 고 . 자 . 료

4:1-11	그리스도는 하나님의 자녀에게 자유와 양자권을 확증하신다.
4:12-20	바울은 갈라디아인들의 곤경에 당혹감을 느낀다.
4:21-31	**율법은 본래적으로 자유의 언약을 증거한다.**
5:1-12	갈라디아인들은 할례의 두려운 암시에 걸려 있다.
5:13-15	자유는 이웃을 사랑으로 봉사함을 의미한다.
5:16-26	성령은 자유의 삶의 양식과 능력이다.

2. 본문 읽기(10분: 조별로)

(1) 읽기

* 다양한 방법으로 본문을 반복하여 여러 번 읽습니다.

1) 조에서 각자가 본문을 한 번 천천히 읽도록 합시다.

2) 조장이 읽고 조원들은 눈을 감고 마음에 그리며 듣도록 합시다.

(2) 그리기

* 읽고 들으면서 새롭게 느낀 점이나 감동되는 내용을 적어 봅시다. 그리고 서로 바꾸어 읽어 봅시다.

3. 본문 이해하기(40분: 조별로)

(1) 문단 나누기

1) 핵심 낱말을 중심으로 본문을 소 단락으로 나누어 봅시다.

4:21-23	이스마엘과 이삭의 출생이야기
4:24-28	언약의 관점에서 본 이스마엘과 이삭의 출생이야기
4:29-31	이스마엘과 이삭의 역사와 유대교와 그리스도교 공동체 사이의 갈등

2) 소 단락에 제목을 붙여 봅시다.

4:21-23	이스마엘과 이삭의 출생이야기
4:24-28	언약의 관점에서 본 이스마엘과 이삭의 출생이야기
4:29-31	이스마엘과 이삭의 역사와 유대교와 그리스도교 공동체 사이의 갈등

(2) 소 단락을 읽고 이해하기

1) "율법 아래 있고자 하는 자들"과 "율법을 듣지 못하였느냐"라고 하는 구절에 각각 나타나는 율법의 의미는 어떻게 차이가 나는지 생각해 봅시다. (21절)

바울은 여기에서 각각 다른 의미에서 율법을 사용하고 있다. 21절에 나오는 첫 번째 율법은 갈라디아 교인들이 돌아가려고 하는 형식주의적이고 화석화된 율법이다. 이것은 그리스도의 복음으로 인하여 이미 극복된 율법이라고 할 수 있다. 두 번째 율법은 율법의 진짜 목소리를 뜻한다. 이것은 하나님께서 주신 원래의 율법이 지닌 정신을 뜻하는데, 하나님의 백성으로 살아가게 하려는 것으로서의 율법을 뜻한다. 바울은 여기에서 화석화된 율법주의적인 삶을 계속 살아가려는 갈라디아 교인들의 삶은 그리스도와 율법 자체(즉 율법의 원래 정신)에 대하여 모순이 된다는 사실을 가르치고 있다.

2) 바울이 본문에서 구약성경에 나오는 아브라함의 두 아내인 사라와 하갈의 예를 제시하는 이유는 무엇입니까? (22절 이하)

바울은 자신의 독자들, 특히 그의 적대자들이 유대인과 유대인 그리스도인들이므로 아브라함과 구약의 이야기가 그들에게 매우 친숙하다는 사실을 잘 알고 있었다. 따라서 바울은 그들에게 새로운 이야기나 개념보다는 그들에게 매우 친숙한 구약의 사라와 하갈의 예를 제시하고 있다. 또한 바울은 자신이 선포하는 복음이 구약과 동떨어진 것이 아니라 연속성을 가지고 있다는 것을 주장하기 위하여 사라와 하갈의 예를 제시하고 있다.

3) "육체를 따라" 태어났다는 것과 "약속으로 말미암아" 태어났다는 것은 각각 무슨 뜻입니까? (22-24절)

"육체를 따라" 태어났다는 것은 하나님의 뜻보다는 인간 자신의 동기, 의도, 욕심, 계획을 앞세운 결과 태어난 것을 지칭하며 이러한 것이 지닌 일시성을 뜻한다. 반면에 "약속으로 말미암아" 태어났다는 것은 하나님께서 주신 약속을 믿고 순종한 결과로 가장 적합한 때에 태어난 것을 지칭하며 영구성을 뜻한다.

4) 바울은 29절에서 "육체를 따라 난 자"가 "성령을 따라 난 자"를 박해한다고 말하고 있습니다. 이것은 바울 당시 어떠한 상황을 두고 한 말입니까? 여기에 나타난 바울의 심정과 의도는 무엇일까요? (29절)

바울은 여기에서 유대 랍비들의 주석전통인 '학가다' 전통을 따르고 있다. 이에 의하면, 창세기 21장 9절("… 하갈의 아들이 [이삭을] 놀리는 지라")은 이스마엘이 이삭을 음해하려는 것을 암시한다. 여기서 동사 '비웃다', '놀리다'는 '살해하다'는 의미로 해석된다(김창선. 『복음의 진리를 위한 사도바울의 투쟁』. 서울: 한국성서학연구소, 2007. 221쪽 참조). 그리고 바울은 이러한 관계를 당시의 유대인과 회당이 율법으로부터 자유로운 교회를 박해하고 있는 것 사이의 관계로 비유한다. 즉 그들은 교회를 비웃고, 놀리고, 심지어 살해하려는 음모까지도 꾸민다. 이 절에서 한편으로는 적대자들을 향하여 안타까운 마음을 가지고 있으면서도, 다른 한편으로는 동시에 확신에 찬 바울의 마음을 읽을 수 있다.

참.고.자.료

학가다(haggadah)

'학가다'는 랍비문학의 한 영역으로 오경(토라)의 이야기 부분에 대한 설교이며, 실제적인 예화집이다. '학가다'는 행위를 위한 법규가 아니라 교리와 교화를 위하여 성경을 해석한 것이다. 이것은 보다 신학적인 성격을 지니고 있으며 하나님의 속성, 죄와 형벌, 이스라엘의 운명 등에 대한 가르침들을 포함하고 있다.

5) 30절에서 바울은 갈라디아 교회에 들어온 여종과 그 아들(이스마엘)을 내놓으라고 말합니다. 여기에서 여종과 그 아들이란 갈라디아 교회의 상황에서 볼 때 누구를 지칭합니까? (30절)

여종과 그 아들은 갈라디아 교회에 들어온 이스마엘, 즉 바울의 적대자를 뜻한다. 이들은 율법주의에서 벗어나지 못하여 할례를 강조하며 바울이 전하는 복음을 따르지 않는 유대주의 그리스도인들이다. 이러한 맥락에서 본다면, "유업을 얻지 못하리라"는 구절은 전체 유대인을 향한 것이라기보다는, 율법주의에서 벗어나지 못하여 할례를 강조하며 바울이 전하는 복음을 따르지 않는 바울의 적대자를 향한 것이다.

6) 바울은 28절에서 "너희는" 약속의 자녀라고 하며, 31절에서 "우리는" 여종의 자녀가 아니요 라고 말합니다. 31절에서는 왜 '우리'라는 단어를 사용하고 있습니까? 그 의도는 무엇입니까?

28절에 나오는 '너희'는 바울이 전도한 갈라디아 교회의 교인들, 즉 '회심자들' 또는 '복음을 따르는 자들'을 지칭한다. 또한 이것은 복음을 믿는 그리스도인들 전체 또는 보편적 교회를 뜻한다고 할 수 있다. 31절에서 바울은 이들 속에 자기 자신을 함께 포함시켜서 동질감 혹은 일체감을 강화시키려고 노력하고 있다. 즉, "우리는 하나다. 우리가 남이냐? 우리는 단결해야 하며, 함께 복음을 지켜 나가야 한다."는 의도를 포함하고 있다고 볼 수 있다.

7) 이상의 본문 내용을 정리하여 다음의 빈칸을 채워 봅시다.

하갈	사라
이스마엘	이삭
"육체를 따라"	"약속으로 말미암아"
옛 언약(시내산 언약)	새 언약
현재 예루살렘	천상의 예루살렘
노예 상태	자유
유대교	기독교

(3) 본문과 관련된 다른 성경구절 살펴보기

📖 본문에서 언급하는 아브라함의 두 아들의 출생에 대한 내용을 창세기 16장(16:15), 21장(21:2-3)과 비교하여 살펴봅시다. 두 아들은 어떻게 출생하였습니까?

🔑 창세기 16장과 21장에 나타나는 아브라함의 두 아들 이야기는 아주 분명한 대조를 이룬다. 먼저, 창세기 16장에서 이스마엘은 인간의 방법으로 태어난 것으로 나타난다. 즉 아브라함은 자신의 대를 이어 나갈 아들을 하나님의 방법이 아닌 인간적인 수단을 동원하여 여종 하갈을 통하여 얻게 되었다. 반면에, 창세기 21장에서는 아브라함의 아들인 이삭이 인간적인 수단이 아니라 하나님의 약속(언약)을 따라서 하나님이 약속하신 때에 출생한 것으로 나타난다.

참 . 고 . 자 . 료

4장 26절의 하갈과 '우리 어머니'의 교차대구(chiasm) 구조

A 하갈
　B 시내산
　　C 종됨
　　　D 현재의 예루살렘
　　　D1 위에 있는 예루살렘
　　C1 자유함
　B1 (시온산)
A1 우리 어머니

(4) 본문을 재구성하기

* 갈라디아서 4장 21-31절의 내용(서신)을 갈라디아 교인들에게 보내는 한 편의 시로 새롭게 구성해 봅시다.

약속의 유업을 받은 갈라디아인이여!
율법을 안다고 자랑하지 마라.
너희는 하갈의 아들이 아니요 사라의 아들이다.
우리는 진정의 예루살렘을 바라는 약속의 자녀임을 알지 못하느뇨?
(장로회신학대학교 신학대학원, 2009-2학기 신약성경공부반 4조)

4. 본문으로 나, 교회, 세상 읽기(20분: 조별로)

아래의 제목 중 한 가지를 택하여 서로의 생각을 나누십시오.

(1) 본문으로 나 읽기

1) 나는 어떠한 경우에 "육체를 따라 난 자" 또는 "여종의 아들"처럼 살아갈 때가 많이 있습니까? 지난 한 주간의 삶 가운데서 나누어 봅시다.

2) 나는 "약속의 자녀"로서의 삶을 살아가고 있는지 점검해 봅시다. 어떠한 점에서 나는 약속의 자녀라고 할 수 있습니까? 구체적인 내용을 나누어 봅시다.

(2) 본문으로 교회 읽기

1) 한국 교회에 속한 그리스도인들의 신앙생활 가운데서 율법적인 모습들은 어떤 것이 있습니까?

2) 오늘날 한국 교회의 설교를 점검해 볼 때 "복음 안에서의 자유"보다 율법주의적 경향을 지닌 내용이 더 많은 이유는 무엇입니까?

(3) 본문으로 세상 읽기

1) 우리 사회가 오늘의 한국 교회 그리스도인들을 '율법'과 '자유'라는 기준으로 바라볼 때 어느 쪽에 가까운 것으로 평가하리라고 생각합니까?

2) 오늘날 우리 사회에서 강조되는 자유의 특징은 무엇입니까? 본문에 나오는 자유와 비교하여 봅시다. 공통점과 차이점은 무엇입니까?

5. 삶으로 엮어 내기(15분: 조별로)

4번에서 선택한 항목을 골라 토론하십시오.

(1) '나'의 삶에 적용하고 실천할 수 있는 방안 모색하기

1) "육체를 따라 난 자" 또는 "여종의 아들"과 같은 상태에서 벗어나기 위하여 이번 주간에 내가 할 수 있는 일은 무엇입니까?

2) "약속의 자녀"에 합당한 삶을 살아가기 위한 방안들을 찾아봅시다.

(2) '교회'의 삶에 적용하고 실천할 수 있는 방안 모색하기

1) 한국 교회에 속한 그리스도인들이 율법적인 모습에서 벗어나기 위하여 어떠한 점들에 노력을 기울여야 합니까?

2) 오늘날 한국 교회의 설교에서 율법주의적 경향을 극복할 수 있는 방안은 무엇입니까? 설교에서 "복음 안에서의 자유"를 더 많이 선포하기 위하여 목회자들이 훈련 받아야 할 부분은 어떤 것이 있습니까?

(3) '세상'의 삶에 적용하고 실천할 수 있는 방안 모색하기

1) 우리 사회가 오늘의 한국 교회를 향하여 '자유'의 증진을 위하여 많은 공헌을 하였다고 평가할 수 있도록 어떠한 노력을 해야 하겠습니까? 특히 어떤 분야에 노력을 기울여야 한다고 생각합니까?

2) 오늘날 우리 사회에서 강조되는 자유(특히 개인주의적 경향)의 문제점을 바로잡기 위하여 우리가 할 수 있는 것은 무엇입니까?

6. 조별 마무리

1) 참여자들은 인도자에 대한 평가서를 작성하여 인도자에게 줍니다.

2) 오늘 조별 활동에 대한 평가와 소감을 나눕니다.

7. 대그룹 마무리(40분: 전체)

1) 해결하지 못한 사항이 있으면 질문하십시오.

2) 조별 공부를 통해서 결정했던 실천사항들을 전체 모임에서 발표합니다.

3) 인도자가 성경공부를 인도한 소감을 간단하게 말합니다.

4) 다음 수업 본문의 예시와 숙제 제시

* 다음 주 수업은 '자유하게 하려고 주신 자유' (갈 5:1-12)입니다. 본문 단락과 전후 단락이 어떻게 관련되어 있는지 본문의 전후 맥락을 분석하여 자신이 이해한 바를 A4 용지 1장으로 요약하여 과제물로 제출하십시오.

5) 기도로 마무리합니다.

제10과 ○

자유하게 하려고 주신 자유 (갈 5:1-12)

갈라디아서 5장 1절

그리스도께서 우리를 자유롭게 하려고 자유를 주셨으니
그러므로 굳건하게 서서 다시는 종의 멍에를 메지 말라

제10과 자유하게 하려고 주신 자유 (갈 5:1-12)

'주 예수 내가 알기 전' 1절 함께 찬송하기

(찬송가 90장/ 통 98장)

주 예수 내가 알기 전 날 먼저 사랑했네
그 크신 사랑 나타나 내 영혼 거듭났네
주 내 맘에 늘 계시고 나 주의 안에 있어
저 포도 비유 같으니 참 좋은 나의 친구

1. 본문으로 들어가면서(10분: 전체)

배정된 본문의 짜임새와 전후 관계 살피기

(1) 학생의 나눔

갈라디아서 5장 1-12절의 내용이 갈라디아서 4-5장의 문맥에서 어떤 위치에 있는지, 또 어떤 중요성이 있는지 함께 생각해 봅시다.

(2) 인도자의 설명

* 본문의 짜임새와 전후 관계, 속한 장과의 관련성 등을 간략하게 설명하십시오.

참 . 고 . 자 . 료

4:1-11	그리스도는 하나님의 자녀에게 자유와 양자권을 확증하신다.
4:12-20	바울은 갈라디아인들의 곤경에 당혹감을 느낀다.
4:21-31	율법은 본래적으로 자유의 언약을 증거한다.
5:1-12	**갈라디아인들은 할례의 두려운 암시에 걸려 있다.**
5:13-15	자유는 이웃을 사랑으로 봉사함을 의미한다.
5:16-26	성령은 자유의 삶의 양식과 능력이다.

2. 본문 읽기(10분: 조별로)

(1) 읽기

* 다양한 방법으로 본문을 반복하여 여러 번 읽습니다.

1) 조에서 각자가 본문을 한 번 천천히 읽도록 합시다.

2) 조장이 읽고 조원들은 눈을 감고 마음에 그리며 듣도록 합시다.

(2) 그리기

* 읽고 들으면서 새롭게 느낀 점이나 감동되는 내용을 적어 봅시다. 그리고 서로 바꾸어 읽어 봅시다.

3. 본문 이해하기(40분: 조별로)

(1) 문단 나누기

1) 핵심 낱말을 중심으로 본문을 소 단락으로 나누어 봅시다.

5:1-6　　종의 멍에를 메지 말라
5:7-12　　온 덩이에 퍼지는 적은 누룩

2) 소 단락에 제목을 붙여 봅시다.

5:1-6　　종의 멍에를 메지 말라
5:7-12　　온 덩이에 퍼지는 적은 누룩

(2) 소 단락을 읽고 이해하기

1) "그리스도께서 우리를 자유롭게 하려고 자유를 주셨으니 그러므로 굳건하게 서서 다시는 종의 멍에를 메지 말라"(1절)는 구절에 나타나는 '자유'는 바울신학의 핵심 개념입니다. 갈라디아서의 다음 구절과 연관하여 '자유'가 지닌 여러 가지 뜻을 알아봅시다.

1:4　　예수 그리스도의 희생을 통한 죄로부터의 자유
1:6　　그리스도의 은혜와 복음으로 부름 받은 결과로 주어진 자유

2:16, 3:8-9	예수 그리스도에 대한 믿음에 근거한 칭의
3:2, 14	성령을 받음으로 주어지는 자유
4:5	아들 됨의 명분을 얻는 것, 종됨으로부터의 자유

5장 1절에는 직설법과 명령법이 함께 나타난다. 먼저, 직설법은 "그리스도께서 우리를 자유롭게 하려고 자유를 주셨다."라는 내용으로 1장 6절-4장 31절에서 바울이 유대화 위협에 대해 논의하고 권고한 모든 것을 요약한다. 다음으로, 명령법은 "그러므로 굳건하게 서서 다시는 종의 멍에를 메지 말라."는 내용이다. 5장 1하-12절에서 바울은 유대화의 위협에 직면하여 그의 회심자들에게 그리스도 안에서 주어지는 자유를 굳게 붙들라고 촉구한다.

2) 할례를 받은 사람은 전체 율법을 행할 의무가 있다는 것은 무엇을 뜻합니까? (3절; 참조, 갈 3:10)

바울은 여기서 다시 한 번 갈라디아 교인들에게 그리스도를 통한 자유를 택할 것인지 아니면 율법 아래서 종살이(노예 신분)를 택할 것인지를 물으면서 양자택일할 것을 촉구한다. 바울은 할례를 받는 사람(2:3 참조)은 율법 전체를 지켜야 하며(3절), 이로써 할례를 받는 사람은 자기 자신을 하나님의 은혜에 맡기는 것이 아니라 자기 자신에게 맡기는 잘못된 길을 가게 된다고 가르친다(4절). 이러한 맥락에서, 야고보서 2장 10절은 "누구든지 온 율법을 지키다가 그 하나에 거치면 모두 범죄한 자가 되나니"라고 가르친다.

3) "우리가 성령으로 믿음을 따라 의의 소망을 기다리노니"(5절)라는 구절에서 "의의 소망"이란 무엇을 지칭합니까?

의의 소망이란 율법의 길과 대립되는 것을 의미한다. 바울에 의하면, 그리스도 안에서 중요한 것은 오직 믿음뿐이다. 이 믿음은 하나님의 신실하심(義)에 바탕을 두고서 성령으로 인하여 소유하게 된 확신 속에서 궁극적인 의인(義認)을 바라는 바로 그 믿음을 말한다(5절). 그러한 믿음은 아무 일도 하지 않는 것이 아니고 사랑 안에서 역사한다(6절과 5:14, 22 참조). 표준 새번역은 이 구절을 다음과 같이 번역한다. "그러나 우리는 성령을 힘입어서, 믿음으로 의롭다고 하심을 받을 소망을 간절히 기다리고 있습니다."

4) "그리스도 예수 안에서는 할례나 무할례나 효력이 없으되 사랑으로써 역사하는 믿음뿐이니라"(6절)는 구절에서 사랑과 믿음의 관계는 무엇입니까? 이 구절은 흔히 우리가 가지고 있는 믿음에 대한 오해를 어떻게 교정해 주고 있습니까?

그리스도 안에서는 우리가 할례를 받았는지 받지 않았는지가 궁극적으로 중요한 것이 아니다. 가장 중요한 것은 "믿음이 사랑을 통하여 일하는 것"(표준새번역, "Faith expressing itself through love" [NIV])이다. 사랑과 믿음은 서로 분리되거나 배척하는 것이 아니라 상호보완적인 관계 속에 함께 존재한다. 진정한 믿음은 사랑을 통하여 나타나야 한다. 찰스 카우사(Charles Cousar)는 "하나님의 사랑을 심오하게 경험하는 곳인 '그리스도 안에서' 신자들 스스로는, 타인에 대한 그 동일한 사랑을 감당하는 매체가 되어야 한다."고 설명한다(Charles Cousar. 『현대성서주석: 갈라디아서』. 서울: 한국장로교출판사, 2004. 167쪽 참조).

참고, "행함이 없는 믿음은 죽은 것이니라"(약 2:26).

5) 7절("너희가 달음질을 잘 하더니 누가 너희를 막아 진리를 순종하지 못하게 하더냐?")에서 바울은 갈라디아 교인들에게 운동 경기의 상황을 비유로 사용하고 있습니다. 어떤 경기의 어떤 상황을 연상시키고 있습니까? 이 구절을 오늘날의 청중들에게 실감나는 표현으로 바꾸어 봅시다.

이 구절은 우리들에게 육상 경기를 연상시킨다. 예를 들어, 육상 100m 경기를 생각해 보자. 각각의 선수들에게 자신의 경주로가 주어진다. 출발신호가 울리고 선수들은 최선을 다해서 자신의 경주로를 달린다. 그런데, 그 때 어떤 한 선수가 다른 선수의 경주로에 침입하게 되면 이는 진로 방해에 해당한다. 이와 같이 바울은 복음의 진리를 따라서 순종하는 생활을 잘 하고 있는 갈라디아 교인들을 훼방하는 율법주의자들은 진로 방해의 반칙을 범하고 있다고 본 것이다.

6) 11절에서 바울이 "십자가의 걸림돌(skandalon, 또는 거리낌)이 제거되었으리니"라고 이야기할 때 그 뜻은 무엇입니까? (고전 1:23 참조)

십자가는 예수 그리스도의 죽음, 고난, 낮아짐을 통하여 하나님의 역사가 올바로 드러나는 장소로 유대인들에게는 걸림돌의 역할을 한다. 그런데 이러한 십자가의 걸림돌을 제거한다는 것은 곧 할례를 구원에 이르는 길로 본다는 것을 뜻한다. 그러나 그렇게 할 수는 없다. 만약 그렇게 한다면, 이는 십자가의 걸림돌을 제거함으로써 인간 스스로가 성취하는 구원을 인정하는 것이 된다. 그리고 그렇게 된다면, 인간이 자신을 스스로 구원할 수 있다는 방식을 비판하는 십자가의 기능이 무력화된다.

7) 10절에서 바울은 "주 안에서" 갈라디아 교인들에 대한 강한 확신을 표시하고 있습니다. 바울이 갈라디아 교인들에 대하여 강한 신뢰를 표현하는 이유는 무엇입니까? 교육적(또는 목회적) 차원에서 그 이유를 이야기해 봅시다.

바울은 갈라디아 교인들을 향한 자신의 신뢰를 보여 줌으로써 그들이 자신의 길을 계속 갈 수 있도록 격려한다. 즉, "너희들은 그 길을 잘 가고 있다. 방해하는 사람들이 있지만 그들은 결국 퇴장당할 것이다." 여기서 우리는 바울이 갈라디아 교인들을 격려하고 자신이 그들과 연대하고 있다는 사실을 계속 확신시킴으로써 그들이 낙오되지 않게 하려는 모습을 볼 수 있다.

(3) 본문과 관련된 다른 성경구절 살펴보기

"너희를 어지럽게 하는 자들은 스스로 베어 버리기를 원하노라"라고 하는 12절의 내용을 신명기 23장 1절의 내용과 연관하여 그 뜻을 해석해 봅시다. 그리고 여기에 나타난 바울의 심정(태도)은 어떠합니까?

12절의 내용은 신명기 23장 1절을 배경으로 한다. 신명기 23장 1절의 "고환이 상한 자나 음경이 잘린 자는 여호와의 총회에 들어오지 못하리라"는 말씀은 이스라엘 공동체에서 축출 또는 출교를 의미한다. 이러한 구약적 배경을 바탕으로 바울은 율법준수의 의미로 사용된 할례를 '거세'('제거하다')와 상응하는 것으로 이해한다. 즉 할례와 거세는 '자르다', '축출하다'는 뜻을 내포하고 있다. 요한 크리소스톰은 이 구절을 "만약 그들이 원한다면, 단지 할례만이 아니라 신체절단을 하도록 하라"고 해석한다(표준새번역, "차라리 자기의 그 지체를 잘라 버리는 것이 좋겠습니다." 참조). 이것은 바울이 자신의 대적자들을 희화화하여 망신을 주려고 의도된 풍자적 표현이라고 볼 수 있다. 그러나 여기에서 '잘려 나가다'(cut off)는 거세보다는 그 교회들에서의 '출교'(withdrawal) 또는 자진한 '파문'(excommunication)이라는 뜻이 강하다. 즉 "너희를 어지럽게 하는 자들은 더 이상 교회 공동체를 어렵게 하지 말고 스스로 출교하기를 원한다"는 뜻으로 해석할 수 있다.

(4) 본문을 재구성하기

* 갈라디아서 5장 1-12절의 내용을 자신의 말로 간단하게 요약해 봅시다.

4. 본문으로 나, 교회, 세상 읽기(20분: 조별로)

아래의 제목 중 한 가지를 택하여 서로의 생각을 나누십시오.

(1) 본문으로 나 읽기

1) 1절에 나오는 자유(갈 1:4, 1:6, 2:16, 3:8-9, 3:2, 14, 4:5)와 연관하여 나에게 가장 의미 있는 것은 어떤 자유입니까? (예: 죄로 부터의 자유) 또 그 이유는 무엇입니까?

2) 바울이 적대자들(율법주의자)에 대항하여 복음을 지키기 위하여 노력하는 열정적인 모습을 현재 나의 모습과 비교해 봅시다. 복음의 순수성을 지키기 위하여 나는 어떠한 노력을 하고 있습니까?

(2) 본문으로 교회 읽기

1) 한국 교회는 "사랑으로써 역사하는 믿음"을 교인들에게 잘 가르치고 있습니까?

2) 우리 교회 내에서 자신이 의식하든 그렇지 못하든 상관없이 복음의 진리를 순종하지 못하게 방해하는 사람들은 주로 어떠한 사람들입니까?

(3) 본문으로 세상 읽기

1) 교회가 세상을 향하여 복음을 전함에 있어서 믿음과 사랑의 관계를 균형 있게 고려하고 있다고 생각합니까?

2) 우리 교회는 지역 사회(세상)에서 복음이 전하는 자유를 구현하기 위하여 어떠한 노력을 기울이고 있습니까?

5. 삶으로 엮어 내기(15분: 조별로)

4번에서 선택한 항목을 골라 토론하시오.

(1) '나'의 삶에 적용하고 실천할 수 있는 방안 모색하기

1) 1절에 나오는 자유(갈 1:4, 1:6, 2:16, 3:8-9, 3:2, 14, 4:5)와 연관하여 나에게 가장 필요한 것은 어떠한 종류의 자유입니까? 이를 위하여 어떠한 노력을 해야 합니까?

2) 바울이 적대자들(율법주의자)에 대항하여 복음을 지키기 위하여 노력하는 열정적인 모습을 보면서 나 자신이 힘써야 할 부분을 나누어 봅시다.

(2) '교회'의 삶에 적용하고 실천할 수 있는 방안 모색하기

1) 한국 교회가 "사랑으로써 역사하는 믿음"을 교인들에게 어떻게 가르치기 위하여 가장 효과적인 방법은 무엇입니까? 한 가지씩만 제안해 봅시다.

2) 교회 내에서 복음의 진리를 순종하지 못하게 방해하는 사람들을 변화시킬 수 있는 방안은 어떤 것이 있습니까?

(3) '세상'의 삶에 적용하고 실천할 수 있는 방안 모색하기

1) 우리가 세상에서 복음을 전할 때 어떻게 하면 믿음과 사랑의 관계를 균형 있게 선포할 수 있겠습니까?

2) 세상에서 복음의 자유를 구현하기 위하여 우리 교회는 어떠한 노력을 기울여야 합니까? 최근 우리 사회에서 문제가 되고 있는 화제들(예: 아동 성폭력) 가운데 하나를 선택하여 '복음의 자유'라는 관점에서 해결책을 모색해 봅시다.

6. 조별 마무리

1) 참여자들은 인도자에 대한 평가서를 작성하여 인도자에게 줍니다.

2) 오늘 조별 활동에 대한 평가와 소감을 나눕니다.

7. 대그룹 마무리(40분: 전체)

1) 해결하지 못한 사항이 있으면 질문하십시오.

2) 조별 공부를 통해서 결정했던 실천사항들을 전체 모임에서 발표합니다.

3) 인도자가 성경공부를 인도한 소감을 간단하게 말합니다.

4) 다음 수업 본문의 예시와 숙제 제시

* 다음 주 수업은 '성령으로 살면 성령으로 행할지니' (갈 5:13-10)입니다. 본문 단락과 전후 단락이 어떻게 관련되어 있는지 본문의 전후 맥락을 분석하여 자신이 이해한 바를 A4 용지 1장으로 요약하여 과제물로 제출하십시오.

5) 기도로 마무리합니다.

제11과 ○

성령으로 살면 성령으로 행할지니 (갈 5:13-6:10)

갈라디아서 5장 25절

만일 우리가 성령으로 살면
또한 성령으로 행할지니

제11과 성령으로 살면 성령으로 행할지니 (갈 5:13-6:10)

♪ '성령의 은사를' 함께 찬송하기

(찬송가 196장/ 통 174장)

1. 성령의 은사를 나에게 채우사 주님의 사랑 본받아 나 살게 하소서

2. 성령의 은사를 나에게 채우사 정결한 마음 가지고 나 행케 하소서

3. 성령의 은사를 나에게 채우사 더러운 세상 탐욕을 다 태워 주소서

4. 성령의 은사를 나에게 채우사 영원한 주님 나라에 나 살게 하소서

1. 본문으로 들어가면서(10분: 전체)

배정된 본문의 짜임새와 전후 관계 살피기

(1) 학생의 나눔

갈라디아서 5장 13절-6장 10절의 내용이 갈라디아서 5-6장의 문맥에서 어떤 위치에 있는지, 또 어떤 중요성이 있는지 함께 생각해 봅시다.

(2) 인도자의 설명

* 본문의 짜임새와 전후 관계, 속한 장과의 관련성 등을 간략하게 설명하십시오.

참.고.자.료

5:1-12	갈라디아인들은 할례의 두려운 암시에 걸려 있다
5:13-15	**자유는 이웃을 사랑으로 봉사함을 의미한다**
5:16-26	**성령은 자유의 삶의 양식과 능력이다**
6:1-10	**성령의 자유롭고 사랑스런 삶의 책임**
6:11-18	바울의 설득력 있는 후기

2. 본문 읽기(10분: 조별로)

(1) 읽기

* 다양한 방법으로 본문을 반복하여 여러 번 읽습니다.

1) 조에서 각자가 본문을 한 번 천천히 읽도록 합시다.

2) 조장이 읽고 조원들은 눈을 감고 마음에 그리며 듣도록 합시다.

(2) 그리기

* 읽고 들으면서 새롭게 느낀 점이나 감동되는 내용을 적어 봅시다. 그리고 서로 바꾸어 읽어 봅시다.

3. 본문 이해하기(40분: 조별로)

(1) 문단 나누기

1) 중심 낱말을 중심으로 본문을 소 단락으로 나누어 봅시다.

5:13-15	자유는 이웃을 사랑하고 봉사함을 의미한다
5:16-26	성령은 자유의 삶과 양식과 능력이다
6:1-10	성령의 자유롭고 사랑스런 삶의 책임

2) 소 단락에 제목을 붙여 봅시다.

5:13-15	자유는 이웃을 사랑하고 봉사함을 의미한다
5:16-26	성령은 자유의 삶과 양식과 능력이다
6:1-10	성령의 자유롭고 사랑스런 삶의 책임

(2) 소 단락을 읽고 이해하기

1) 5장 13절에 나타나는 그리스도인의 자유는 무엇에 근거를 두고 있으며, 또한 어떠한 특성을 지니고 있습니까? '무엇으로부터의 자유' (freedom from)와 '무엇을 위한 자유' (freedom for)라는 차원에서 생각해 봅시다.

바울이 말하는 그리스도인의 자유란, 다른 사람을 자신의 이기적 목적에 사용하는 자유가 아니다. 즉 자신의 이기주의를 실행하기 위한 면허장과 같은 것이 아니다. 이와 반대로 그리스도인의 자유는 다른 사람을 섬기는 자유를 말한다. 즉, 그리스도교적인 자유란 상호간의 사랑의 섬김을 뜻한다. 여기에서 말하는 육체란 믿음의 영역 밖에 있는 인간의 모든 존재, 사고, 희망 등을 뜻한다. '~으로 부터의 자유'(freedom from)는 소극적 의미를 지닌 자유이다. 반면, '~을 위한 자유'(freedom for)는 적극적 의미를 지닌 자유이다. 그리스도인은 죄와 사망으로부터 자유함을 받은 존재이다. 그러나 이들은 자유함을 받은 것으로써 끝나서는 안 되며, 그 자유를 다른 사람들을 섬기는 데 사용하면서 살아가야 한다.

2) 5장 16-18절에 의하면, 그리스도인들의 삶에서 성령은 어떠한 역할을 하십니까?

바울은 그리스도인의 삶을 투쟁이 없는 완전한 어떠한 것으로 보지 않는다. 그리스도인들에게 있어서도 이 세상에서의 삶과 관련된 이기적 욕망(육체의 욕심)이 하나님의 뜻을 따르는 삶을 방해하고 훼방한다. 그러나 성령 안에서 하나님의 뜻에 전적으로 순종하는 사람은 이 같은 방해를 극복할 수 있으며 율법주의로 다시는 굴러 떨어지지 않는다. 구원받지 못한 사람과는 달리(롬 7:5,15-24 참조) 그리스도인은 성령이 그 안에서 작용하시기 때문에 죄의 강제에 무력하게 내맡겨져 있지 않다. '너희가 원하는 것을 하지 못하게 한다'는 말은 다음과 같은 뜻을 가지고 있다. 즉, 성령은 악을 저지하려고 하며, 육체는 선을 방해하려고 한다. 그러나 그 결단은 그리스도를 통하여 해방을 받은 사람에게 달려 있다(1절, 25절 참조). (『해설 · 관주 성경전서 - 독일성서공회판』. 서울: 대한성서공회, 1997 참조)

3) 5장 22-23절에 나타나는 성령의 열매 가운데 사랑이 가장 앞에 나온 이유는 무엇일까요? (성령의) "열매"라는 단어가 19절의 "육체의 일들"과는 달리 단수로 나타나는 것과 연관하여 생각해 봅시다.

바울은 여기서 성령의 은사 중에서 사랑을 그 핵심으로 보았으며, 그 밖의 희락, 화평, 오래 참음, 자비, 양선, 충선, 충성, 온유, 절제 등은 사랑이 지닌 속성으로 보았다. 이러한 맥락에서, 그는 성령의 열매를 단수로 표시하였다. 바울은 그리스도인이 사랑을 행할 수 있는 것은 자신의 공로가 아니라 열매, 즉 성령의 은사라고 가르친다. 성령의 다양한 활동은 '사랑' 으로 요약할 수 있기 때문이다.

4) 5장 22-23절에서 나타나는 "성령의 열매"를 5장 19-21절에 나타나는 "육체의 일들"(또는 악덕)과 비교하여 봅시다. 양자가 궁극적으로 추구하는 것은 무엇입니까? 양자 사이의 차이점을 몇 가지 나열해 봅시다.

성령의 열매, 즉 성령으로써 주어진 열매는 궁극적으로 개개인이 바르게 살아가게 해 주며, 공동체의 일치를 지향해 나가며, 생명을 지향해 나간다. 즉 개개인이 하나님과 올바른 관계를 가질 수 있도록 해 주고, 공동체가 하나가 되고, 서로를 세워 주고 생명을 살려 나가는 방향을 추구해 나간다.

그러나 악덕은 이와 반대로 개인을 타락시키고, 공동체를 분열시키고 결국 죽음과 멸망을 가져다준다. 본문에 나타나는 이러한 악덕을 다음과 같이 세 부류로 나눌 수도 있다.

① 성적인 것: 음행, 더러운 것, 호색

② 우상숭배: 이방신 섬김, 주술

③ 신앙공동체 파괴: 원수 맺는 것, 분쟁, 시기와 분냄, 당 짓는 것, 이단, 투기, 술 취함

5) 6장 2절에서 바울은 "너희가 짐을 서로 지라 그리하여 그리스도의 법을 성취하라"고 권면합니다. 여기에서 "짐"과 "그리스도의 법"은 각각 무엇을 뜻합니까? 또 양자의 관계는 무엇입니까?

본문에서 말하는 '짐'은 포괄적 의미로 각 그리스도인들이 교회 생활을 하면서 경험하게 되는 시험, 두려움, 실패 등과 같은 여러 어려움을 뜻한다. 반면에, "그리스도의 법"은 예수 그리스도께서 공생애 기간 동안 직접 가르치셨고 또한 실천하셨던 삶의 원리를 뜻한다. 이것은 또한 성령의 열매를 낳는 법, 즉 그리스도인들이 자기 헌신적인 사랑의 삶을 영위하게 만드는 법을 지칭한다.

6) 5장 13-26절에 나타나는 자유, 율법, 사랑, 성령의 상호관계에 대하여 서로 말해 봅시다.

사랑은 율법을 올바로 볼 수 있도록 해 준다. 즉, 사랑은 사람들로 하여금 율법을 남용하지 않도록 자유롭게 해 주는 역할을 한다. 사랑은 율법을 폐지하는 것이 아니라, 그것을 확인하고 그것을 정확하게 해석할 수 있도록 해 준다. 토라(율법)는 파기된 것이 아니라 사랑하라는 명령에 의해 새로운 차원으로 승화된다. "율법은 은혜의 지배, 사랑의 능력, 그리고 성령의 새 생명의 빛 안에서만 규범으로서의 가치를 갖는다."(Charles Cousar, 『현대성서주석: 갈라디아서』[서울: 한국장로교출판사, 2004, 186쪽]. 또한 자유는 사랑의 근거이며, 사랑은 자유의 적절한 실천이다. 성령은 계명으로 지켜야 할 바로 그 사랑(5:22)을 열매 맺도록 한다(Charles Cousar, 『현대성서주석: 갈라디아서』[서울: 한국장로교출판사, 2004, 188쪽]). 그리스도인의 자유는 타인에 대한 사랑으로 나타나야 하는데 성령이 이것을 가능하게 한다.

7) 6장 1-5절에서는 성령 안에 사는 사람이 실수를 범한 사람에 대하여 어떠한 태도를 가져야 함을 이야기하고 있습니까? 이들의 회복을 위하여 어떠한 자세가 필요합니까?

'성령 안에서'(=성령으로) 사는 삶은 실수를 범한 사람을 용납하고 도와주는 태도를 통하여 증명된다. 이러한 도움은 자기 자신도 시험(유혹)을 받을 수 있음을 아는 데 근거한다(1절). 시내산 율법을 대신하여 주어진 그리스도의 법(2절)은 사랑의 계명이다(5:14). 그것은 외적인 강제를 통하여 명령되는 것이 아니라 하나님의 사랑을 체험하는 데서 자라난다. 아무도 다른 사람을 심판하는 재판관의 자리에 앉지 못한다. 각 사람은 자기 자신을 하나님의 심판대에 내세워야 한다(3-5절).

실수를 범한 사람들의 회복을 위해서는 첫째, 처벌이 아니라 회복, 즉 무너져 버린 것을 재건하는 것이 중요하다. 둘째, 회복은 온유한 심령으로 하나님의 마음을 본받아서 이루어져야 한다. 셋째, 그리스도인들은 다른 사람을 돕는 일에 관여하면서 자기 자신을 살펴야 한다. 각 개인은 유혹에 빠지지 않도록 자신을 경계해야 하며 다른 사람의 짐을 도와주는 입장에 서야 한다. 바울은 회복이란 짐을 지는 것이라고 설명한다. 실패의 아픔을 나누는 일, 특별히 잘못된 것을 고쳐 나가는 과정에서 어느 정도의 죄책감과 판단의 책임을 지는 일이 포함된다(Charles Cousar, 『현대성서주석: 갈라디아서』[서울: 한국장로교출판사, 2004, 201-202쪽]).

(3) 본문과 관련된 다른 성경구절 살펴보기

5장 14절("온 율법은 네 이웃 사랑하기를 네 자신 같이 하라 하신 말씀에서 이루어졌나니")은 구약의 레위기 19장 18절에서 유래한 말씀입니다. 이 말씀은 마가복음 12장 29-34절, 누가복음 10장 25-37절에서도 나타납니다. 구약의 레위기 19장 18절과 신약의 갈라디아서 5장 14절, 마가복음 12장 29-

34절, 누가복음 10장 25-37절에서 나타나는 '이웃' 은 어떠한 차이가 있습니까? (갈 3:12; 6:10 참조) 이러한 차이가 의미하는 바는 무엇입니까?

구약의 레위기 19장 18절에 나타나는 이웃은 이스라엘 백성(레아)을 지칭한다. 이것은 이방인을 지칭한 것이 아니라 이스라엘 지경 내의 혈연적 이웃을 뜻한다. 그러나 신약의 갈라디아서 5장 14절, 6장 10절, 3장 12절, 마가복음 12장 29-34절, 누가복음 10장 25-37절에서 말하는 이웃은 이스라엘 백성에 국한 되지 않고 우리가 여러 상황에서 만나게 되는 사람을 지칭한다. 즉 어떤 민족이나 지리적 개념을 초월한 모든 사람을 지칭한다(보편적 이웃개념). 이러한 맥락에서 우리는 우리 자신의 사랑과 섬김의 대상을 교회 내의 그리스도인이나 교회 내에서 가난하고 고통당하는 주변인들, 또는 자신의 동족으로만 한정하지 말고, 세상 속의 가난하고 고통당하는 주변인들을 포함하여 모든 사람으로 확대해 나가야 한다.

(4) 본문을 재구성하기

* 갈라디아서 5장 13절-6장 10절 단락의 내용을 자신의 말로 간단하게 요약해 봅시다.

4. 본문으로 나, 교회, 세상 읽기(20분: 조별로)

아래의 제목 중 한 가지를 택하여 서로의 생각을 나누십시오.

(1) 본문으로 나 읽기

1) 현재 나의 삶 가운데 가장 필요한 성령의 열매와 가장 풍성한 성령의 열매는 무엇입니까? 그 이유를 함께 나누어 봅시다.

2) 5장 19-21절 단락에 나타나는 악덕 목록과 연관하여 나 자신이 가장 조심해야 할 악덕은 무엇이며 그 이유는 무엇입니까?

(2) 본문으로 교회 읽기

1) 교인들 가운데 실수를 범한 사람들에 대하여 한국 교회의 그리스도인들은 흔히 어떤 태도를 보이고 있습니까? 실례를 들어 이야기해 봅시다.

2) 오늘 한국 교회의 상황에서 가장 필요한 성령의 열매는 무엇인지 세 가지를 선택하고, 그 이유를 서로 나누어 봅시다.

(3) 본문으로 세상 읽기

1) “너희가 짐을 서로 지라 그리하여 그리스도의 법을 성취하라”(6:2)는 말씀을 토대로 우리 사회를 바라볼 때 교회가 사회를 위하여 져야 할 가장 큰 짐은 무엇이라고 생각합니까?

2) 5장 19-21절 단락의 악덕 목록과 연관하여 오늘날 한국 사회에서 가장 심각한 죄악은 무엇이라고 생각합니까? 또 왜 이러한 죄악이 심각하게 나타나고 있는지 이유를 분석해 봅시다.

5. 삶으로 엮어 내기(15분: 조별로)

4번에서 선택한 항목을 골라 토론하시오.

(1) '나'의 삶에 적용하고 실천할 수 있는 방안 모색하기

1) 현재 나의 삶 가운데 가장 필요한 성령의 열매를 맺기 위하여 앞으로 실천해야 할 내용은 무엇입니까? 단기적인 것과 장기적인 것을 나누어서 이야기해 봅시다.

2) 5장 19-21절 단락에 나타나는 악덕 목록 가운데 나 자신이 가장 조심해야 할 악덕을 극복하기 위하여 우선 어떠한 일을 해야 합니까? 몇 가지 행동 지침을 적어 봅시다.

(2) '교회'의 삶에 적용하고 실천할 수 있는 방안 모색하기

1) 교회 내에서 실수를 범한 사람을 회복시켜 나가기 위해서는 어떠한 노력을 기울여야 합니까? 바울이 제시한 원리에 기초하여(6:1-5) 구체적인 방안을 한 사람이 한 가지씩 제시해 봅시다.

2) 오늘 우리 교회의 상황에서 가장 필요한 성령의 열매를 맺기 위하여 우리 교회(부서 또는 그룹)는 무엇을 해야 합니까?

(3) '세상'의 삶에 적용하고 실천할 수 있는 방안 모색하기

1) 오늘날 한국 교회가 우리 사회의 짐을 나누어서 지기 위하여 어떤 일을 감당해야 합니까? 경제적인 차원에 초점을 맞추어 실천방안을 한 사람이 한 가지씩 제안해 봅시다.

2) 5장 19-21절 단락의 악덕 목록과 연관하여 오늘날 한국 사회에서 가장 심각한 죄악은 무엇입니까? 이를 치유하기 위하여 그리스도인들은 어떤 일을 해야 한다고 생각합니까?

6. 조별 마무리

1) 참여자들은 인도자에 대한 평가서를 작성하여 인도자에게 줍니다.

2) 오늘 조별 활동에 대한 평가와 소감을 나눕니다.

7. 대그룹 마무리(40분: 전체)

1) 해결하지 못한 사항이 있으면 질문하십시오.

2) 조별 공부를 통해서 결정했던 실천사항들을 전체 모임에서 발표합니다.

3) 인도자가 그날 성경공부를 인도한 소감을 간단하게 말합니다.

4) 다음 수업 본문의 예시와 숙제 제시

* 다음 주 수업은 '예수의 흔적'(갈 6:11-18)입니다. 본문 단락과 전후 단락이 어떻게 관련되어 있는지 본문의 전후 맥락을 분석하여 자신이 이해한 바를 A4 용지 1장으로 요약하여 과제물로 제출하십시오.

5) 기도로 마무리합니다.

제12과 ○

예수의 흔적 (갈 6:11-18)

갈라디아서 6장 14절

그러나 내게는 우리 주 예수 그리스도의 십자가 외에
결코 자랑할 것이 없으니 그리스도로 말미암아
세상이 나를 대하여 십자가에 못 박히고
내가 또한 세상을 대하여 그러하니라

제12과 예수의 흔적 (갈 6:11-18)

'위에 계신 나의 친구' 1절 함께 찬송하기

(찬송가 92장/ 통 97장)

위에 계신 나의 친구 그의 사랑 지극하다
이는 예수 그리스도 나의 구주 나의 친구
사랑하는 나의 친구 늘 가까이 계시도다
그의 사랑 놀랍도다 변함없는 나의 친구

1. 본문으로 들어가면서(10분: 전체)

배정된 본문의 짜임새와 전후 관계 살피기

(1) 학생의 나눔

갈라디아서 6장 11-18절의 내용이 갈라디아서 5-6장의 문맥에서 어떤 위치에 있는지, 또 어떤 중요성이 있는지 함께 생각해 봅시다.

(2) 인도자의 설명

* 본문의 짜임새와 전후 관계, 속한 장과의 관련성 등을 간략하게 설명하십시오.

참 . 고 . 자 . 료

5:1-12	갈라디아인들은 할례의 두려운 암시에 걸려 있다.
5:13-15	자유는 이웃을 사랑으로 봉사함을 의미한다.
5:16-26	성령은 자유의 삶의 양식과 능력이다.
6:1-10	성령의 자유롭고 사랑스런 삶의 책임
6:11-18	**바울의 설득력 있는 후기**

2. 본문 읽기(10분: 조별로)

(1) 읽기

* 다양한 방법으로 본문을 반복하여 여러 번 읽습니다.

1) 조에서 각자가 본문을 한 번 천천히 읽도록 합시다.

2) 조장이 읽고 조원들은 눈을 감고 마음에 그리며 듣도록 합시다.

(2) 그리기

* 읽고 들으면서 새롭게 느낀 점이나 감동되는 내용을 적어 봅시다. 그리고 서로 바꾸어 읽어 봅시다.

3. 본문 이해하기(40분: 조별로)

(1) 문단 나누기

1) 핵심 낱말을 중심으로 본문을 소 단락으로 나누어 봅시다.

6:11	바울 자신의 기술에 대한 인정
6:12-13	반대자들의 동기에 대한 비난
6:14-15	그리스도의 십자가에 대한 자랑과 새 창조의 확인
6:16	첫 번째 축복

6:17	바울의 최종 호소
6:18	두 번째 축복

2) 소 단락에 제목을 붙여 봅시다.

6:11	바울 자신의 기술에 대한 인정
6:12-13	반대자들의 동기에 대한 비난
6:14-15	그리스도의 십자가에 대한 자랑과 새 창조의 확인
6:16	첫 번째 축복
6:17	바울의 최종 호소
6:18	두 번째 축복

(2) 소 단락을 읽고 이해하기

1) 바울은 갈라디아서의 결론 부분인 본 단락에서 갈라디아 교인들에게 당면한 도전들을 다시 한 번 제시하고 이에 대한 확고한 결단을 내릴 것을 촉구하고 있습니다. 어떤 주제들을 다시 제시하고 있는지 살펴봅시다.

바울은 갈라디아서의 결론에 해당하는 본 단락을 통하여 갈라디아 교인들에게 할례, 육체, 율법, 그리스도의 십자가, 자만심, 박해, 예수 그리스도의 은혜와 같은 자신들이 직면한 도전들을 다시 한 번 제시하고, 이에 대하여 우유부단하게 행동하지 말고 확고한 결단을 내릴 것을 촉구하고 있다.

2) 바울은 "내 손으로 너희에게 이렇게 큰 글자를 쓴 것을 보라" 라고 말합니다. "큰 글자를 쓴 것을 보라"는 구절은 무슨 뜻을 가지고 있습니까? (11절) 여기

에 나타난 바울의 의도는 무엇입니까?

"큰 글자를 쓴 것을 보라"는 구절은 두 가지로 해석할 수 있다. 첫째로, 바울은 독자의 관심을 불러일으켜서 서신의 내용을 강조하려는 의도로 이러한 표현을 사용하였다고 볼 수 있다. 둘째로, 바울은 자신이 이것을 직접 기록하였다는 것을 강조하기 위하여 이러한 표현을 사용하였다고 볼 수도 있다.

3) "그들이 그리스도의 십자가로 말미암아 박해를 면하려 함뿐이라"라고 하는 것은 어떠한 의미를 지니고 있습니까? (12절) 또 그들이 박해를 받아야 하는 이유는 무엇인가요?

"그들이 그리스도의 십자가로 말미암아 박해를 면하려 함뿐이라"는 구절은 바울의 적대자들이 처음에는 그리스도의 십자가를 선포했으나 나중에는 율법주의자들의 박해를 피하기 위하여 추가로 할례를 권유한 사실을 뜻한다. 그러나 바울의 적대자들이 처음부터 십자가가 아니라 할례를 전하였다고 생각할 수도 있다.

4) 14절의 내용을 쉽게 풀이하여 자신의 말로 적어 봅시다.

『표준새번역』: "그런데 내게는 우리 주 예수 그리스도의 십자가 밖에는, 자랑할 것이 아무것도 없습니다. 그리스도로 말미암아, 내 쪽에서 보면 세상이 죽었고, 세상 쪽에서 보면 내가 죽었습니다."

『아가페 쉬운성경』: "그러나 내게는 우리 주 예수 그리스도의 십자가 말고는 아무것도 자랑할 것이 없습니다. 그리스도의 십자가를 통해 세상은 나에 대해서 죽었고, 나는 세상에 대해서 죽었습니다."

5) 15절에 나오는 "새로 지으심을 받는 것"이라는 구절을 2장 19-20절과 연결하여 그 뜻을 현재적 차원과 미래적 차원 또한 우주적인 차원과 개인적 차원으로 나누어서 이야기해 봅시다.

"새로 지으심을 받는 것" 이라는 구절은 먼저 예수 그리스도로 말미암아 시작된 종말론적인 우주적 대전환을 지칭한다. 또한 새 창조는 미래의 종말의 때에 완성될 새로운 창조를 뜻한다. 새 창조는 이와 같이 우주적 차원을 가지고 있지만 동시에 갈라디아서 2장 19-20절에 나타나는 것처럼 현재의 개인적 차원을 가진다. 따라서 새로 지으심을 받는 것(새 창조)은 현재적이며 동시에 미래적이다. 아울러 이것은 개인적이며 우주적이다.

6) 16절의 축복에 나타나는 대상은 누구입니까? 이것이 뜻하는 또 다른 의미는 무엇입니까? 여기에서 '평강' 과 '긍휼' 을 시간적 의미(현재적 또는 미래적)에서 본다면 어떤 차이가 있습니까?

여기서 나타나는 축복은 규례(카논)를 행하는 자에게 주어진다는 의미에서 조건적 특징을 지닌다. 즉, 그리스도의 규례를 행하는 자와 믿음으로 인하여 아브라함의 자손이 된 그리스도인들 또는 하나님의 교회(갈 1:13), 즉 하나님의 이스라엘에게 평강과 긍휼의 복이 주어진다. 다른 측면에서 본다면, 이것은 경고의 의미를 지니고 있다. 즉, 바울은 복음의 법을 따르지 않고 율법에서 나온 삶을 영위하며(3:10), 다른 복음을 전하는 자들에 향한 경고(1:8-9)라고 할 수 있다. 또 평강이 총체적인 현재적 차원의 구원을 뜻한다면, 긍휼은 심판 때, 즉 미래에 필요한 자비를 뜻한다.

7) 17절에서 "예수의 흔적(stigma)"이란 무엇입니까? 갈라디아 교회의 문제와 사도직이라는 맥락에서 생각해 봅시다. 이러한 예수의 흔적에도 불구하고 18

절에서 바울이 갈라디아 교인들을 축복하는 심정에 대하여 서로 이야기해 봅시다.

여기에 나타나는 "예수의 흔적"은 여러 가지로 해석될 수 있다. 먼저, 이것은 적대자들과 갈라디아 교인의 나약함으로 인하여 바울이 깊은 상처를 입었다는 것을 의미한다. 또는 이것은 바울이 사도로서 고난을 받은 결과로 몸에 남은 흉터와 손상을 뜻한다고 해석할 수도 있다. 바울은 예수의 흔적을 언급하면서 자신과 예수 그리스도와의 관계, 즉 자신의 사도직이 예수님에 의하여 임명된 것임(정통성)을 강조한다. 예수의 흔적은 긍정적인 차원에서 본다면, 바울이 그리스도의 소유권과 보호 하에 있음을 뜻한다. 반면에, 부정적인 차원에서 본다면, 바울을 괴롭히려고 시도하는 자들은 그리스도의 심판과 보응 아래에 놓이게 될 것임을 암시한다.

바울은 여기서 갈라디아 교인들이 자신에게 커다란 근심과 걱정거리였음에도 불구하고 자신과 그들 사이의 관계가 완전히 단절되지 않고 여전히 사랑하는 형제관계를 지속하고 있다는 사실을 상기시킨다(김창선, 『복음의 진리를 위한 사도바울의 투쟁』[서울: 한국성서학연구소, 2007, 256쪽]).

(3) 본문과 관련된 다른 성경구절 살펴보기

6장 17절의 "예수의 흔적"을 고린도후서 4장 10절에 나타나는 "예수의 죽음을 몸에 짊어짐"이라는 구절과 고린도후서 11장 23-27절에 나타나는 바울의 고난목록과 연결시켜 봅시다. 여기에 나타나는 육체적 차원의 고난, 정신적 고난, 영적 고난 등을 분류해 봅시다.

바울이 지니고 있는 예수의 흔적은 자신이 복음을 전파하면서 당한 다음과 같은 육체적, 정신적, 영적 차원의 고난과 밀접하게 연관되어 있다.

① 육체적 차원의 고난: 매, 태장, 돌, 파선

② 정신적 고난: 동족의 위험, 거짓 형제의 믿음, 죽을 뻔함

② 영적 고난: 교회와 교인들을 위한 염려, 율법주의자들의 도전과 박해

(4) 본문을 재구성하기

* 갈라디아서 6장 11-18절 단락의 내용을 자신의 말로 간단하게 요약해 봅시다.

4. 본문으로 나, 교회, 세상 읽기(20분: 조별로)

아래의 제목 중 한 가지를 택하여 서로의 생각을 나누십시오.

(1) 본문으로 나 읽기

1) 현재 나의 삶 가운데 예수의 흔적이 있다면 그것이 무엇인지 함께 나누어 봅시다.

2) 갈라디아서 전체를 통하여 현재 나의 모습을 변화시켜 나가기 위하여 가장 의미 있는 주제는 무엇입니까? 그 이유를 이야기해 봅시다.

(2) 본문으로 교회 읽기

1) 한국 교회의 역사 가운데 나타난 예수의 흔적은 어떤 것이 있습니까?

2) 갈라디아서 전체를 통하여 현재 한국 교회에 가장 필요한 개혁의 주제는 무엇입니까? 그 이유를 이야기해 봅시다.

(3) 본문으로 세상 읽기

1) 우리 그리스도인이나 한국 교회가 세상에 복음을 전하는 과정에서 받는 상처(예수의 흔적)에는 어떤 것들이 있습니까?

2) 갈라디아서 전체를 통하여 현재 한국 사회에 가장 필요한 개혁의 주제는 무엇입니까?

5. 삶으로 엮어 내기(15분: 조별로)

4번에서 선택한 항목을 골라 토론하시오.

(1) '나'의 삶에 적용하고 실천할 수 있는 방안 모색하기

1) 현재 나의 삶 가운데 예수의 흔적을 지니고 살아가기 위하여 어떠한 노력을 해야 할지 함께 나누어 봅시다.

2) 갈라디아서 전체를 통하여 현재 나의 모습을 변화시켜 나가기 위하여 가장 의미 있는 주제는 무엇입니까? 이것을 나의 일상의 삶과 연관하여 구체적으로 실천할 수 있는 방안을 이야기해 봅시다.

(2) '교회'의 삶에 적용하고 실천할 수 있는 방안 모색하기

1) 한국 교회의 역사 가운데 나타난 예수의 흔적을 우리는 어떻게 계승해 나가야 합니까?

2) 갈라디아서 전체를 통하여 현재 한국 교회에 가장 필요한 개혁의 주제를 한 가지 선택하고 이를 위한 실천방안을 나누어 봅시다.

(3) '세상'의 삶에 적용하고 실천할 수 있는 방안 모색하기

1) 우리 그리스도인들이나 한국 교회가 세상에서 복음을 전하는 과정에서 "예수의 흔적"을 가졌다고 고백할 수 있기 위하여 어떠한 노력을 기울여야 할지 이야기해 봅시다.

2) 갈라디아서 전체를 통하여 현재 한국 사회에 가장 필요한 개혁의 주제를 한 가지 선택하고 이를 위한 실천방안을 나누어 봅시다.

6. 조별 마무리

1) 참여자들은 인도자에 대한 평가서를 작성하여 인도자에게 줍니다.

2) 그날 조별 활동에 대한 평가와 소감을 나눕니다.

7. 대그룹 마무리(40분: 전체)

1) 해결하지 못한 사항이 있으면 질문하십시오.

2) 조별 공부를 통해서 결정했던 실천사항들을 전체 모임에서 발표합니다.

3) 인도자가 성경공부를 인도한 소감을 간단하게 말합니다.

4) 다음 수업 본문의 예시와 숙제 제시

* 다음 시간에 갈라디아서를 공부한 전체 소감을 나눌 수 있도록 준비해 오십시오.

5) 기도로 마무리합니다.